Zarápolis
La historia secreta de un imperio de la moda

COLECCIÓN

TEXTOS DEL BRONCE

Cecilia Monllor

ZARÁPOLIS

LA HISTORIA SECRETA DE UN IMPERIO DE LA MODA

EDICIONES
DEL BRONCE

SEGUNDA EDICIÓN: JUNIO DE 2003
PROYECTO GRÁFICO: COLUMNA COMUNICACIÓ, S.A.

EDICIONES DEL BRONCE, 2003
ISBN: 84-8453-061-2
DEPÓSITO LEGAL: B. 25.358-2003
IMPRESIÓN: HUROPE, S.L.

ESTA OBRA HA SIDO PUBLICADA CON LA AYUDA
DE LA DIRECCIÓN GENERAL DEL LIBRO,
ARCHIVOS Y BIBLIOTECAS DEL MINISTERIO
DE EDUCACIÓN, CULTURA Y DEPORTE.

DIAGONAL, 662-664 - 08034 BARCELONA

IMPRESO EN ESPAÑA - PRINTED IN SPAIN

Índice

A Xosé G. A.

No queriendo inventar, robé. Es decir, copié, hurté, transcribí. Si este libro tiene lectores y al cerrarlo tienen ante él un hombre —un personaje—, sea el que sea, pero con todos sus atributos: juventud, madurez, ancianidad y les queda clara una imagen (formada de miles de miles) de lo que fue su época, ¿qué más me da que se haya sacado la noticia de un periódico, de una conferencia, de un libro, de un relato, de una mentira? Procuré no apartarme de lo que creí fue verdad, mas ¿quién me asegura que así fue?... Sólo Dios sabe. Pero no creo que se entretenga en esta sabiduría de segunda mano que es el recuerdo.

MAX AUB

Una introducción que incluye un aviso para navegantes

Estimado/a lector/a:

Pensando en ti y en tus intereses, me he tomado la libertad de bosquejar un anticipo de lo que vas y no vas a encontrar en el interior de este trabajo, escrito con toda la honestidad y el respeto que tu bolsillo y tu tiempo me merecen.

Tanto si resuelves acompañarme en la travesía, como si declinas hacerlo después de leer este aviso para navegantes, recibe de buen grado mi agradecimiento por haberte parado a leer estas líneas.

Tuya siempre,

La autora

AVISO PARA NAVEGANTES

Lo que vas a encontrar en Zarápolis

- La descripción de un fenómeno empresarial y sociológico contado de una manera directa y amena para todo tipo de lectores.
- Un cuento de hadas con encantamientos, aviones supersónicos, trajines cosmopolitas y batas de guatiné.
- Historias de personajes reales acogidos al anonimato de nombres supuestos.
- Las trapisondas de una periodista que intenta escribir un libro sobre la empresa más secreta de la historia de los negocios.

Lo que no vas a encontrar en Zarápolis

- La usual redacción y punto de vista narrativo característicos de los libros periodísticos.
- Sesudos análisis de expertos en Escuelas de Negocios.
- Morbosas historias referidas a la familia Ortega, fundadora de Zara.
- Verdades absolutas y objetivas.

PRIMERA PARTE

UN HOMBRE, UNA FAMILIA, UNA EMPRESA

Escena surrealista entre Dios y el ángel Schmidt

Parece ser que en estos últimos días Dios anda muy ocupado con las últimas tracamundanas de Adolf.

—Acaba de ocupar la zona de Renania —le comunica el ángel Gustav Schmidt jadeante—; este católico de pacotilla nos va a dar mucho trabajo, Jehová. ¿Por qué no le mandas un rayo y lo fulminas antes de que empiece a hacer de las suyas?

Dios no le contesta. Demasiado bien conoce el ángel Gustav Schmidt los fundamentos del libre albedrío.

—Gustav —dice Dios—, ¿sabes ya adónde tienes que ir esta noche?

—Lo sé, Jehová, me he informado antes de venir a contarte lo que está haciendo el pirado éste de Alemania. Debo ir a Lima y luego a otro sitio más pequeño de España, se llama Busdongo de Arbas.

—Cerciórate de que mis dos criaturas nazcan con el don, tú siempre andas con la cabeza a pájaros y no te centras en lo tuyo; es el único reproche que tengo que hacerte, pues por lo demás eres un ángel cumplidor.

A Gustav parece no hacerle mucha gracia el rapapolvo divino.

—...Tal vez los últimos días me haya despistado un poquito, lo admito, pero hoy no descuidaré mi misión, y para que te quedes tranquilo la voy a repasar contigo. A primera hora llegaré a Lima, me situaré al lado de la señora Llosa y le infundiré ánimos para que el rato se pase rápido...

—Pero no intervengas, Gustav, tú sólo mantente a la expectativa.

—Sí, no tengas cuidado. Luego introduciré en el pequeño Mario el don de la literatura, y enseguida partiré raudo y veloz al otro alumbramiento.

—Bien.

—La señora Ortega hará rato que me estará esperando para traer al mundo a Amancio.

—Eso es —advierte satisfecho Dios—, pero a Amancio le tendrás que dar otro don porque como ya le has dado el de la literatura a Mario, dos dones literarios en un mismo día me parecen muchos.

—Ya he pensado en eso, Jehová —dice el ángel Gustav Schmidt—, ¿te acuerdas de Rockefeller?

Dios se queda pensativo unos instantes.

—Me acuerdo, sí.

—Había pensado, si no tienes inconveniente, Jehová, darle el mismo don.

—Bueno —cavila Dios—, mi pueblo está necesitado de hombres que hagan crecer hierba de las piedras. Sea, Gustav.

—Entonces, no queda ya nada más que decir. Me marcho. Mañana te traeré más noticias del bigotes, pero me temo mucho que ahí abajo va a sobrevenir Armagedón.

—¡Ay, Gustav, no te equivocas! Qué impotencia la mía. Me apenan Mario y Amancio, pese a sus dones.

—Es el destino, Jehová, y contra el destino no se puede hacer nada.

«Al menos Amancio Ortega Gaona y Mario Vargas Llosa tienen dones, que otros ni eso», piensa el ángel Gustav Schmidt.

EN BUSDONGO DE ARBAS UN DÍA DE TORMENTA

Han pasado sesenta y tres años desde la visita de Gustav Schmidt a Busdongo. Ocurrió un 28 de marzo de 1936. En el pueblo aquella madrugada se sintió un fuerte viento. Doña Luz se levantó de la cama impulsada por un deseo apremiante que no sabía a qué atribuir.

—Madre, acuéstese y por lo que más quiera no ande descalza, la va a pillar otra vez. —Se oyó decir abajo en la cocina.

Doña Josefa Gaona afrontó el mal trago con resignación. «Ya viene», anunció para sí misma.

—Hijo, he soñado que un ángel ponía su mano en mi barriga. He sentido una repentina energía dentro de mí, como cuando una habitación se inunda de luz. ¿Qué significará esto? No sé.

Hoy en día Busdongo no es como Tordesillas o Baeza, por poner dos ejemplos diferentes de lugares populosos con apariencia de ciudad. Este humilde amontonamiento de casas sigue siendo pueblo gracias a la voluntad de unas siete docenas de vecinos que no han emigrado a León o a cualquier otra parte del mundo, como lo han hecho la mayor parte de sus paisanos (precisamente éste fue el caso de mi protagonista y su familia). En Busdongo que nadie busque consultorio, párroco o médico para todos los días. El médico pasa consulta los martes, el cura viene los domingos para la misa, los maestros se han marchado a enseñar a otros pueblos y hasta el practicante itinera. Consuélese el vecindario con unos servicios compartidos con los otros dieciséis pueblos que agrupa el Ayuntamiento de Villamanín, provincia de León, a dos pasos de la verde Asturias.

A la vista de esas cuatro casas habitadas en una tierra de minas y de montaña me pica la curiosidad por saber cómo sería el Busdongo que vio el ángel a su llegada al pueblo, el Busdongo que he venido a rescatar de la memoria de sus habitantes de más edad para amueblar de imágenes la infancia de mi protagonista.

¿Cómo fue aquel 28 de marzo de 1936?

Recuerdo, sin haberlo presenciado, carreras, nervios, los susurros del tren tan cercano, la comadrona imponiendo tranquilidad para poder hacer, las comidas apresuradas de los otros tres hijos de Josefa y Amancio (Antonio, Pepita y Pilar), interrumpidas cada rato por un lastimoso lamento. Y luego recuerdo la noticia de la guerra en la radio, el desconcierto de los vecinos de Busdongo por estar en los dos bandos de contienda a la vez, cosa la mar de extraña, en una parte del pueblo los rojos y en otra los nacionales. ¡Qué confusión y a la vez qué naturalidad para asumir la ambivalencia! En la gruta de más arriba de la estación hay gente escondida, es vox pópuli. Recuerdo la llegada de la paz que nunca llega y los muertos, los ausentes, los emigrados, los represaliados. Y ya no recuerdo más, por eso necesito el auxilio de un testigo.

La primera persona con quien me tropiezo en este pueblo de carretera, cuya vertiente izquierda ha sido suprimida como si nunca hubiera existido, es un hombre de aproximadamente la edad de Amancio, calculo a ojo. Ojalá que este vecino jugara con él de niño y se acuerde de él.

—Buenos días —saludo aproximándome hacia la puerta que acaba de cerrar—, ¿es usted del pueblo?

El hombre me mira entre curioso y desconfiado.

—Si lo que pregunta es si he nacido en Busdongo, soy de aquí, sí.

—Se lo pregunto porque vengo buscando razón de una familia que vivió aquí hace algún tiempo. ¿Podría hablar con usted unos instantes? No le voy a entretener más de cinco minutos.

Se ve que el hombre siente curiosidad por mí. ¿De dónde vengo? ¿Quién soy? ¿A quién busco?

Entonces responde:

—No estoy seguro de que le vaya a ser de mucha ayuda, porque tengo muy mala cabeza, pero usted pregunte lo que quiera.

Amenaza tormenta y la pesada calina la anuncia a voces.

Busdongo de Arbas, importante nudo ferroviario en el pasado, se ha quedado reducido a una estación más de la línea Gijón-León. Por la carretera que conduce al alto de Pajares entre pelados riscos y grises pedregales, los raíles del tren transcurren paralelos a la carretera asomando a tramos unas veces a la derecha y otras a la izquierda. El pueblo ha sufrido las amputaciones del empobrecimiento y sus cicatrices saltan tan a la vista que resulta imposible obviarlas.

En una de estas casas ceñidas al asfalto (siempre fue Busdongo un pueblo lineal pertrechado a las vías del tren), donde antaño hasta tres familias de ferroviarios y empleados del cemento compartían vivienda, se coló el ángel Schmidt un 28 de marzo de 1936 para cumplir la misión encomendada por el mismísimo Jehová. Pero no sé qué casa es y anticipo que al término de mi visita me iré sin saberlo y sin fotografiarla.

—Vengo de La Coruña expresamente a Busdongo para buscar información sobre la familia Ortega, que vivió aquí hace más de cuarenta años.

Mis palabras parecen impresionar al buen hombre: ¿Quién será esa familia?, se preguntan sus ojillos gasificados como dos nubarrones otoñales. El caso es que la tele no ha venido, deducen ágilmente de su registro. Sin disimulo alguno me repasa de pies a cabeza y comprueba que no llevo encima cámaras de vídeo ni micrófonos; ni siquiera he sacado uno de esos cachivaches aparatosos que los periodistas radiofónicos tienen la mala costumbre de meter en las mismísimas narices de los interpelados.

—¿Es usted periodista? ¿Del programa ése del bigotes en que se busca gente perdida?

Mejor no enredarnos con mentiras, tarde o temprano estas cosas se averiguan y entonces...

—Soy periodista pero no trabajo para *Quién sabe dónde* ni para ningún otro programa de televisión. Estoy realizando un trabajo de investigación.

—¡Ah, bueno!, ¿y se puede saber qué investiga?

—Claro que se puede saber. De hecho, estoy aquí para eso, para hablar con gente como usted y hacerle preguntas. El hombre por quien me intereso se llama Amancio Ortega Gaona y ahora es una persona importante en el mundo de los negocios.

Las cejas del vecino de Busdongo se enarcan expresivamente.

—¿Y qué ha hecho ese hombre? —parece como si mis últimas palabras le hubieran resbalado—. No habrá matado a alguien, ¿verdad?

En España existen dos categorías de famosos: los que no han hecho nada pero son famosos por ser novios, hijos, amantes o padres de y los corruptos, asesinos y ladrones de guante blanco.

—No, qué va, nada de eso. Amancio Ortega es un hombre de negocios muy importante y es tan rico que podría forrar Busdongo desde un extremo a otro con brocado de oro.

—¡Bah... y qué! —me discute el vecino—. Este pueblo no necesita que lo forren con oro, aquí se necesita vida y juventud, algo totalmente imposible. Todos se marchan, vuelan hacia las ciudades, seguro que ése, ¿cómo ha dicho que se llamaba? —le repito el nombre de Amancio—, también se fue.

—Se fue porque el padre era ferroviario y lo destinaron a La Coruña.

—Así les pasó a muchos. En Busdongo antes había cientos de ferroviarios. Aquí, donde lo ve, era un pueblo importante y con mucha vida gracias al tren y a la fábrica de cementos de Arbas, pero luego, cuando la electrificación, todo cambió. Después de la guerra aquí se pasaron pocas fatigas porque había trabajo de sobra. En el bar Billares, ése de ahí —me dice señalando un letrero con el rótulo Casa Kike—, se jugaban por las noches vagones enteros de harina... Luego unos se fueron a otros pueblos más grandes, otros para el extranjero y para el País Vasco y Cataluña. Y ya se quedaron allí, sabe usted. Cuando vuelven a Busdongo, si es por vacaciones bien, pero si es para más tiempo esto se les queda chico. La gente en estos pueblos pequeños se aburre porque no hay nada y ellos están acostumbrados al coche, al jaleo...

—¿De qué vive la gente de Busdongo?

—De la gente de paso. En invierno vienen los esquiadores;

de todas formas en esta carretera siempre hay tráfico. Y de las minas, claro.

—¿Se acuerda usted de los Ortega? —reconduzco la conversación a donde me interesa.

—Yo no, pero mis hermanas se tienen que acordar porque nosotros teníamos tienda, ahí mismo —me señala dos portales a la derecha—. Lástima que ellas no estén aquí. ¿Y dice que tenían un hijo?

—No, el matrimonio tenía tres hijos: Antonio, Pepita y Amancio. El padre se llamaba también Amancio, murió hace algunos años, y la madre, Josefa.[1]

—Pepita Ortega me suena, pero ¡es que hace tanto tiempo! Le tengo que preguntar a mis hermanas. Seguro que ellos, los Ortega, sí se acuerdan de nosotros. Mi padre era el barbero del pueblo, el único que ha habido, y mis hermanas, ya le digo, tenían tienda de comestibles donde se vendía de todo. ¿Y por qué busca razón de ese hombre si es que me lo quiere usted contar? ¿Es alguien suyo?

—Mío, no. Estoy escribiendo sobre él. Verá: hace aproximadamente tres años yo estaba haciendo un curso de cine en la Universidad. Nos habían dicho que debíamos buscar temas para nuestras historias. En esto que un día un amigo me lleva a un polígono de las afueras de La Coruña, en un pueblo cercano donde su familia tenía una empresa química. Es la primera vez que yo piso ese polígono, y ahí voy a tener una especie de revelación. Mi amigo me pasea orgulloso por ese dédalo de calles que se llama Sabón y me muestra de una en una la ubicación de las empresas más importantes de la ciudad. De repente, distingo un reguero disciplinado de hormigas plateadas listas para rodar por las carreteras de media Europa. Los

1. Doña Josefa Gaona falleció en La Coruña el 7 de enero de 2001.

camiones llevan el logotipo de la empresa impreso en sus lomos plateados: Zara, dice escuetamente. Y entonces es cuando me pregunto: ¿cómo y quién ha podido levantar un imperio como éste?

—Me he perdido. ¿Qué es Zara? —pregunta atónito el vecino de Busdongo.

Le hablo de un sueño que todos tenemos y muy pocos alcanzan: el sueño de tocar el cielo con las manos. Pero él insiste en su pregunta:

—¿Y qué son las hormigas plateadas?

—Filas de camiones listos para repartir ropa a medio mundo, créame que es un milagro, un verdadero milagro. Sólo veinte años atrás la tierra donde vi alinearse esos camiones era monte, un trozo de vacío desarbolado donde pastaban las vacas.

Atendiendo a los ruegos del vecino, quien carece de la más remota idea de qué es eso de Zara, resumo:

—Estrenamos la década de los cincuenta. Un adolescente, el benjamín de una familia de origen vallisoletano, como todos los días, va camino de su trabajo. Va pensando en lo suyo, en cómo se lo ha de montar para no ser siempre recadero de otros. También su cabeza barrunta los últimos resultados del fútbol. Son los primeros tiempos de la tele. Se habla mucho en todas partes de la televisión, de que es un prodigio, una cosa estupenda, algún día todo el mundo tendrá en casa un aparato propio y podrán verse los partidos de fútbol como si se estuviera en el estadio. Amancio tiene mucha fe en el futuro. Piensa, sueña…

Intercepto una mirada de disimulo dirigida a Casa Kike, antiguo Billares, y en una época aún más remota El Imperial, e interpreto a la perfección su mensaje.

Pero no es fácil resumir. Ningún periodista cuenta entre sus éxitos la hazaña de haber entrevistado a Amancio, tampoco yo lo he conseguido y, por lo mismo, mucha gente me vaticina un sonado fracaso en mi trabajo. La gente se alegra mucho de todo lo malo que te pasa, aunque por delante dicen que no, que lo sienten de todo corazón. Describir en pocas palabras la metamorfosis de este niño tímido en el rey Midas del textil no resulta fácil si se quiere huir de los tópicos y la ñoñería.

Yo he optado por apostar mi ojo espía al otro lado de la mirilla con el propósito de enterarme de los planes secretos que el rey de Zara trama en su inexpugnable ciudadela, levantada en el Finisterre de Europa, donde ocurren sucesos extraños, como que afluya gente de medio mundo con la única intención de aporrearse la cabeza contra un parteluz de doble cara, por un lado con la cabeza rizosa del maestro Mateo y por la otra, el apóstol de Jesucrito, Santiago, hijo de Zebedeo.

—Pues bien, Amancio sueña, es todo cuanto puede hacer por el momento, pero un día se le enciende la bombilla: ¿por qué producir para otros cuando se puede producir para uno mismo y además venderlo? No se lo había dicho antes pero ha cambiado de empleo. Ahora ya no trabaja de recadero en la camisería Gala, sino que se ha empleado como dependiente en una mercería regentada por un matrimonio gallego apellidado Castro. Entre otras cosas, en la tienda venden camisones y batas que causan furor entre la clientela femenina, batas de guatiné, pero son muy caras, y las mujeres se contentan con mirarlas y soñar que ahorran para comprárselas.

—Las mujeres siempre están soñando tonterías —se le escapa al vecino.

—Nada de eso —protesto—, es la moda y a todas ellas les apetece tener una bata bonita. Menos mal que hay hombres como Amancio que comprenden lo importante que es para estas mujeres llegar a poseer una bata de guatiné con los vivos rosas, como las que venden en La Maja, ese sitio en el que trabajan. En la tienda hay una muchachita que tiene los ojos preciosos y hasta tiene nombre de flor. Pero cuando un hombre piensa demasiado pierde tiempo, y Amancio no está dispuesto a desperdiciar un instante de su vida, necesita ganarse el pan para formar una familia con esa chica a quien todos llaman Rosi.

—¿Y hace batas?

—Las hace.

—Entonces se hace rico —deduce el vecino vislumbrando el origen del imperio comercial del que acabo de hablarle.

—No, ¡qué va!, se le destiñen los vivos de los cuellos y todos lloran de rabia.

—¿De qué todos hablas?

—De la familia que se ha metido a empresaria. Antes le dije que el matrimonio Ortega tenía tres hijos, pues bien, los dos hermanos y sus respectivas mujeres se unen para crear un negocio y luego, más adelante, se añade la hermana y su marido.

—Pero entonces..., yo no entiendo...

—La historia es larga de contar, compréndalo, yo aquí no le voy a contar los pormenores, pero descuide que todos los detalles aparecerán en mi libro.

—¡Así que va a escribir un libro!

—Lo voy a escribir, pero le ruego, por favor, que sea discreto y no vaya comentándolo por ahí.

Mis últimas palabras han pillado al hombre desprevenido y cuando las asimila se echa a reír sin disimulo.

—Pero, por los clavos de Cristo: ¿con quién se cree que trato yo? ¿A quién demonios se lo puedo contar?

Me siento un poco ridícula, pero mi advertencia no es gratuita. Se me ha quedado dentro el sonsonete de Nela recomendándome mantener la boca cerrada con todo aquel que hable.

—¿Y cómo acaba la cosa?, porque ya me está comiendo el gusanillo.

El vecino se enciende un cigarrillo negro después de haber rechazado yo uno.

—Lo demás es el cuento de la cenicienta. Las cosas le van bien con la lencería pero de momento es un bien relativo porque necesita hacerse su hueco en el mercado. Amancio intuye en qué lugares de España hay que vender las batas, conoce el funcionamiento del negocio y los gustos del cliente. Además se da la circunstancia añadida de que a Amancio y compañía les gusta ir contracorriente. Cuando lo que se estilan son las tiendas franquiciadas, ellos se empeñan hasta los dientes en abrir tiendas propias. Riesgo y apuesta son palabras muy frecuentes en su escueto diccionario empresarial. También ayuda al impulso del negocio el problema del paro en Galicia en esos momentos. Muchos cabezas de familia están sin trabajo, y las mujeres tienen que arrimar el hombro y buscarse una fuente de ingresos como sea. En Galicia, desde luego, no existe la infraestructura textil de Cataluña, ni mucho menos goza de su excelente situación geográfica, pero siempre ha habido cierto tejido industrial del sector que los hermanos Ortega conocen. Con los años y el trabajo duro, llega el éxito. Para entonces Amancio ha envejecido y su situación familiar ha cambiado. Además sobre el tapete queda el problema de la sucesión. ¿Quién guiará la nave del timón cuando él falte? 14.000 empleos directos es algo que pone los pelos de punta a cualquiera.

—Ya entiendo —cavila el vecino de Busdongo—, las garras empiezan a afilarse y los hijos toman posiciones.

—No, no se trata de eso. Los hijos no han manifestado, que yo sepa, mayor interés por coger el relevo a Amancio. De momento sólo una hija podría hacerlo y ésta ni siquiera trabaja en la casa. A medida que Amancio va haciéndose mayor comprende que en cualquier momento puede morirse, la cuestión empieza a preocuparle más y más. Por eso ha creado una Fundación en La Coruña conforme a la legislación española; aunque sus asesores le invitaron a hacerlo en Holanda, un país con leyes fiscales más benignas, Amancio ha preferido que su fundación esté en España. En el futuro ésta controlará la compañía y será gestionada por profesionales competentes, y no por miembros de la familia. El cabeza de familia quiere que el espíritu fundacional de Zara esté presente en esta institución. Y le digo más, para aplacar la inquietud de los trabajadores, Amancio se dirigió a todos ellos por carta participándoles su decisión. Luego ha dejado especular a los periódicos con la salida de Inditex a bolsa. Es un empresario inteligentísimo, y encima pragmático y previsor puesto que ha reflexionado sobre la circunstancia de su muerte y en que hay muchas bocas que no pueden quedar huérfanas cuando él falte.

—Una historia muy interesante. ¿Quiere tomar un café? Le invito a lo que quiera.

—Lo haría con mucho gusto pero no dispongo de mucho tiempo; debo seguir buscando más vecinos del pueblo, a ver si encuentro a alguien que se acuerde de Amancio y me pueda contar detalles de su infancia.

—¡Qué lástima! —noto que el vecino se lamenta de verdad—. Oiga, ¿y cuándo va a salir su libro? No es que yo lea mucho pero a lo mejor lo compro, ¿cómo se va a llamar?

—Zarápolis.

El título no le gusta mucho.

—Voy a apuntarlo enseguida, para que no se me olvide. Pues..., lo dicho, buena suerte, y a ver si en la casa de la esquina la abuela se acuerda de algo. No va a ser fácil.

De cómo concebí el proyecto y me arrojé a los leones

Cuando vuelvo de Busdongo a mi casa de La Coruña, después de haberme desviado en Fonfría para comprar un queso, me encuentro en el contestador automático una llamada de mi amiga Nela, que desde hace tiempo está preocupada por mi salud mental. Dice: «Mientras estabas fuera ha salido en el periódico una noticia de Zara. Se ha roto el acuerdo con Benetton, no habrá Zara en Italia. Pschee, ¿sabes lo que creo?, pues que la mafia está detrás de esa decisión. Te he guardado la página del periódico, llámame». Piiiiii. No la telefoneo inmediatamente, sino después de cenar, antes de que empiece la película del Canal Plus, que esta noche es *Peggy Sue se casó*. Le cuento en pocas palabras mi visita a Busdongo, y ella me cuenta otra decepción más de su lista de decepciones.

—¿Por qué dices que está la mafia detrás de la ruptura? Me parece una solemne tontería —opino mientras me acomodo en mi sofá blanco para charlar largo y tendido sobre el tema.

—Eso he oído comentar en los mentideros —se justifica Nela.

—¡Ya!

—¡Mira por dónde nos sale ésta! Pues yo no lo veo tan descabellado..., la mafia está metida en la moda italiana, como lo está en todas partes, algo tendrá que decir sobre la entrada de Zara en Italia.

—Pero ¿qué dice el periódico de lo de Benetton? —pregunto impaciente.

—Que han roto el acuerdo porque así estaba estipulado. Si no se conseguían los objetivos previstos, éste debía quedar sin efecto. Por lo visto es imposible encontrar locales de más de 1.000 m^2 en sitios céntricos y ellos, ya lo sabes, si no van al centro o a centros comerciales muy rentables donde pase mucha gente, no abren y punto.

—Eso ya me resulta más creíble —admito—. Italia debe de ser para las empresas extranjeras como una fortaleza inexpugnable, para más inri están todos los grandes y, principalmente, aquellos a quienes más copia Zara —reflexiono en voz alta.

—Sí, ya, pero ¿quién no fusila a quién hoy en día? En la industria de la moda todo quisque copia como un descosido, no creo que ésa sea la razón de que no puedan introducirse. Los italianos han sido muy listos, hay que reconocerlo, en moda nos venden el *made in Italy* como el no va más. Pero en mi opinión los nuestros lo hacen mejor que los demás. Por cierto, ¿cómo va tu libro?

Nela es de las personas que sufre a diario la gestación del hijo.

—Esto parece el parto de los montes —me dijo una tarde en la cafetería Manhattan cuando estaba a punto de echarme a llorar por tan abrumadora tarea.

—Sueño con Zara —le confesé muy compungida—. En mis

sueños veo el Falcon 900 de Inditex que cruza el planeta con la velocidad supersónica de las naves espaciales. Lleva toneladas de ropa en su bodega de amianto y escupe fotografías de Amber Valletta con la cara borrosa como en la película de Woody Allen.

Nela no se rió. Me miró preocupada y me aleccionó:

—Esto es serio, te estás obsesionando.

Traté de tranquilizarla y le expliqué que había una razón para que la modelo Amber Valletta no tuviera cara en mis sueños. Una escaparatista me había comentado que en los países árabes el escaparatismo les suponía un problema importante a causa de la idiosincrasia de esta cultura: en primer lugar no existen las dependientas porque las mujeres tienen prohibido trabajar, por lo tanto nada de ropa sexy, ni de fotografías de modelos atractivas enseñando piernas, hombros, escotes. «Los *display* —me comentó Carmen—, los colgamos con la cara borrosa y los maniquíes carecen de cabeza.» Mi sueño y los comentarios de la chica se habían mezclado, eso era todo.

Nela fue la primera persona a quien confié mi proyecto de escribir un libro sobre Zara. Nos habíamos citado en su despacho para ir a comer a la crepería *Pétit Bretagne*, cuya dueña, Gela, también había trabajado para la empresa en los primeros tiempos. Todavía en aquellos momentos yo era una periodista agobiada por la responsabilidad de situar en el mercado de los medios de comunicación pequeñas naderías como, por ejemplo, un Congreso de Componentes Eléctricos, empeño que se saldó con un balance significativamente negativo para los componentes eléctricos pese a mis denodados esfuerzos por vender la burra.

—Voy a hacer algo grande —le anuncié a Nela a los postres.

Ella ni me miró. Está más que acostumbrada a mis solemnes declaraciones de intenciones. Hace dos meses escasos traté de convencerla de que iba a sentar la cabeza definitivamente organizando cursos para ancianos desmemoriados por encargo de la Caja de Ahorros. Ni que decir tiene que unas semanas antes había utilizado un argumento parecido, esta vez para insistir en que mi futuro se hallaba estrechamente ligado a la creación de una editorial sobre libros de viaje que estaban muy en boga. Lo mejor de mí tal vez sea que no paro de buscar cosas y lo peor que las encuentro, persisto en ellas algo más de dos semanas y enseguida abandono, atraída por una nueva ocupación. De ahí que Nela no prestara ni mucha ni poca atención a mi confidencia.

—¿No has oído? —le recriminé.

Con envidiable talento mi amiga envolvió su crepe de almendra y chocolate hasta conseguir un canuto perfecto que luego partió en virutas muy conseguidas.

—¿De qué se trata esta vez? —preguntó sucintamente.

—He pensado en escribir un libro sobre Zara; es más, llevo bastantes meses dándole vueltas a la cabeza y...

—Registra la idea y no hables con nadie del asunto —dijo Nela antes de meterse una de esas volutas jónicas en la boca—, cuando tengas el esquema, enséñamelo, te daré algunos consejos, y chitón, eso es lo más importante. Sé de lo que hablo.

De sus palabras deduje que por fin había dado con algo sobre lo que Nela no necesitaba añadir la última palabra.

—¿A que es una idea fantástica?

—Sí. Y también un trabajo de negros, tú no sabes dónde te vas a meter. No alcanzo a entender tus ganas de complicarte la existencia.

—Ya sé que esto no es pan comido, pero no importa —sostuve estoicamente. Me veía a mí misma como uno de esos gladiadores heroicos que se arrojan a las fieras con resignación valiente.

—¿Y cómo se te ha ocurrido? —indagó Nela.

—No lo sé. No ha sido de repente. ¿Te acuerdas de aquella porquería de curso que hice en Santiago sobre guión documental?

Nela asintió. Los pendientes de plata con forma de pluma apache le tintinearon en las orejas al mover la cabeza.

—Me acuerdo, sí. ¿No fue entonces cuando se te metió en la cabeza hacer el documental de Pereyra el intrépido?

—Sí, pero ya sabes que el proyecto se fue a la porra. El productor fabricaba LSD en su piso de la rúa del Villar, además no me podía fiar de él, me confesó que se dopaba para hacer *El Súper Martes.*[2]

—También yo me doparía, es comprensible.

—Bueno, pues, como te decía, pensando en proyectos para escribir guiones de documentales me vino a la cabeza una imagen que tengo grabada aquí —me llevé un dedo a la sien por si mis palabras no eran suficientemente expresivas—: un día vi salir los camiones de Zara desde el polígono de Sabón y la imagen de aquellos camiones serpenteantes me deslumbró. Nadie ha contado nunca la historia de Zara y es una historia sensacional, casi como un cuento de hadas.

—A lo práctico —me cortó Nela—, no hables con nadie hasta que tengas la idea registrada y también el proyecto, sé bien lo que me digo, este mundo del copieteo, el robo de ideas y el plagio lo conozco al dedillo y sé cómo funciona, así que hazme caso, trabaja y no des cuartos al pregonero, ¿entendido?

—Va a ser un gran libro —vaticiné entusiasmada visualizando ya mi nombre estampado en la portada, como aconseja una conocida escritora norteamericana en su exitoso manual sobre

2. Programa de entretenimiento de la cadena autonómica TVG (Televisión Galega).

creatividad en las mujeres. Lástima que no consiguiera pasar del primer capítulo, exhausta por tanto ejercicio escribidor de inundar la mesa del despacho con letreros al estilo de «Soy la bomba» o «Todo lo que me propongo lo consigo».

La camarera nos trajo el café, y Nela se quedó callada dándole vueltas y vueltas a la cucharilla dentro de su diminuta taza.

—Me pregunto —dijo— por qué a nadie se le habrá ocurrido lo que se te acaba de ocurrir a ti, ¿te lo has preguntado?

—Claro que me lo he preguntado y no tengo una respuesta.

—Tal vez —conjeturó Nela— pongan tantos impedimentos en la empresa que los interesados hayan desistido... Si no, no me lo explico, has tenido una idea estupenda, venderás libros como rosquillas, si sabes hacerlo.

Estas últimas palabras empañaron algo mi bucólico estado de felicidad. ¿Qué quería decir exactamente con «si sabes hacerlo»? Naturalmente que sabría hacerlo, ¿acaso no recordaba Nela que la administración socialista me había dado una de las pocas becas a la creación literaria que se conceden a creadores? ¿Es que yo no era una creadora? ¿Y mis dos libros de animación a la lectura para niños? Yo podía hacer mal muchas cosas, como insinuaba Nela con su apostilla insultante, pero desde luego no cabía la menor duda de que era una creadora y que toda mi vida lo había sido, incluso a la hora de vestirme, decorar mi casa y preparar un plato de florituras como una pera en abanico, una flor de tomate o una tarta-flan de chocolate.

Enseguida me hice una lista de temas y abrí un dossier de la hemeroteca. Tenía guardado un antiguo reportaje de *Telva* de 1993 de Teresa Olazábal, y otro menos antiguo de Manolo Rivas, una verdadera filigrana de periodismo. También había archivado artículos de *La Voz de Galicia* de 1997 y un reportaje de *Expansión* con datos sobre la composición del Consejo de Administración y con información de quién era quién en la empresa. Con tan escaso material en las alforjas empecé este viaje. Luego fueron llegando las ayudas de todas partes y el entusiasmo me inundó.

—El libro va bien —le digo a Nela cambiando de posición porque se me quedaba la oreja planchada con la presión del auricular—, pero ahora tengo un problema añadido.

—¿Cuál?

—La voz narrativa —especifico.

—A mí háblame en cristiano, yo no estoy para nada en tu mundo de melifludeces y desconozco qué puñetas viene siendo eso de la voz narrativa.

Nela es abogado o abogada como dice ella, aunque yo me resisto a utilizar el femenino porque me sigue sonando mal la variación de género igual que modisto, azafato, médica o ingeniera. Lo único que lee Nela es literatura de evasión, como por ejemplo Rosamunde Pilcher y sus tropecientos libros llenos de escoceses, salmones, cazadores de urogallos y casitas con jardines muy bien cuidados por la propia propietaria, casitas donde nunca falta una asistenta eficaz que ayuda por horas. Todos los personajes, masculinos y femeninos, beben güisquis cuando llegan de trabajar, de lo que deducimos Nela y yo que hay mucho alcohólico encubierto en esos cientos de páginas escocesas.

—La voz narrativa, como su nombre indica, es la voz que cuenta la historia, mira que eres burra, Nela.

Oigo un vago gruñido y una grosería que finjo no haber escuchado para evitar empantanarnos en una discusión absurda.

—Y ése es un problema de peso —prosigo— porque, ¿quién va a decir todo cuanto he averiguado producto de mis entrevistas? ¿Entiendes? Es una cuestión importantísima, y todavía ando dale que te pego probando maquetas de capítulos. Tú ya conoces mi problema Nela, no hace falta que te lo recuerde. Alguien debe hablar y no sé quién, cada narrador que elijo me plantea objeciones difíciles de resolver.

En un rapto de sinceridad amistosa le había confesado a Nela lo frustrada que me encontraba por sentir al término de cada libro la imperiosa necesidad de escribir como el escritor que leía. El último arrebato lo había tenido con Naguib Mahoufz y *El café de Qúshtumart* pero antes lo había sufrido con *El Hambre de Hoffman* de Leon de Winter y *El Dios de las pequeñas cosas* de Arundathi Roy. En la búsqueda de mi propio estilo había tropezado con la evidencia de que yo carecía de ídem, es decir, podía escribir como todos los escritores que admiraba pero sonando más falsa que una caja de hojalata, de modo que había abandonado cualquier empeño de escribir nada que no fuera realidad pura y dura como el libro de Zara. Sin embargo, ya estaba de vuelta el problema de siempre, el que había quedado sin resolver y se cifraba en la búsqueda de un estilo y una voz narrativa.

—Yo de voces narrativas no te puedo aconsejar, eso pregúntaselo a Anita que para eso ha escrito un libro en Planeta que vende como churros. (Primero las rosquillas y después los churros. La imaginería gastronómica cuenta con mucho predicamento en el vocabulario de Nela.)

Anoté mentalmente su sugerencia, y reflejé en mi agenda el propósito de llamar por teléfono a Anita para confiarle mis cuitas. Después dije:

—Busdongo está en el quinto cuerno. Hace una semana llamé por teléfono a Villamanín, capital del ayuntamiento, y cuando pregunté si tenían médico fijo, escuela y parroquia propia, quien cogió el teléfono se quedó pasmado. «¿Para qué lo quiere saber?», preguntó, y yo contesté lo primero que me vino a la cabeza: que era cartógrafa y estaba haciendo un trabajo de campo.

—¡Qué estupidez!

—Desde luego, y que lo digas.

—En fin, pásate mañana por el despacho y te doy el recorte de periódico —sugirió Nela.

Y en eso quedamos, en que al día siguiente me pasaría a la hora del café y nos lo tomaríamos, si daba tiempo, en el O Miño, que está muy cerca de su trabajo.

¿ES UN CUENTO DE HADAS CON FINAL DESCONOCIDO?

Acabo de ducharme y de desayunar. Me desconcierta la existencia de escritores que se levantan ya de la cama con ganas de ponerse a trabajar para encontrarse con sus personajes. Yo no tengo ningunas. Si no tuviera conciencia, y sobre todo necesidad de ganarme el pan, cogería a Tolstoi, me colocaría la almohada detrás de la espalda y tal como estoy, en pijama y desgreñada, tumbada a la bartola, dedicaría toda la mañana a leer tan ricamente. Ni siquiera me levantaría de la cama para abrir al plomo del cartero.

Mientras me visto como una persona decente, ya que he decidido no quedarme en pijama todo el día, observo atentamente la hoja del calendario de mi dormitorio. No pueden haber transcurrido ya seis meses, no es posible: ¿Adónde se ha ido el tiempo? ¿Será verdad que conforme uno se hace mayor la sensación del tiempo se acelera? Al parecer, ésta es la respuesta, según escuché comentar a un neurólogo el otro día en la radio. ¡Qué lata ir perdiendo los años sin conciencia de que se van perdiendo, cada día más consciente de la evidencia de la muerte! En fin, ojeo mi agenda y veo que tengo apuntada una llamada a Anita para consultar el asunto de la voz narrativa.

Telefoneo y me sale la tontaina de su secretaria.

—La señora Jato está en Corcubión —me dice la muy pánfila sin querer facilitarme el número de su móvil.

«¿Qué demonios se le habrá perdido a Anita en Corcubión?», me pregunto. Voy a dedicar la mañana a pasar a limpio las entrevistas que me faltan por meter en el ordenador, por lo menos la de X, que cuando era niño utilizaba la chalana de Piocho Mera para ir a pescar calamares.

X: ¿Qué quieres que te cuente?

YO: Háblame de Rosalía Mera, me ha dicho tu mujer que vivíais en el mismo barrio y que cuando erais pequeños andabais juntos.

X: Bueno, no exactamente. Rosalía es algo mayor que yo, no pertenecíamos a la misma pandilla. Por aquel entonces debía de haber cien chavales en el barrio repartidos en tres grupos de edad, Rosalía iba con los del grupo inmediatamente anterior al mío, los medianos, podríamos llamarlos. Era una chica muy guapa, delgada, morena, nos gustaba mucho a todos.

YO: ¿Cómo era tu barrio entonces?, ¿a qué os dedicabais los niños?

X: Pues mira, nos dedicábamos a estar todo el día dando tumbos en la calle, principalmente en la playa. La playa era como nuestra segunda casa. Éste era un barrio obrero, se llama el Matadero precisamente porque aquí estaba el matadero municipal y la gente del barrio vivía de eso, todavía me acuerdo de aquellos patios donde se blanqueaban con cal los callos y las patas de las terneras. Las madres se asomaban por las ventanas y nos vigilaban. Nosotros estábamos en las rocas cogiendo camarones, pulpos..., de todo, cogíamos de todo..., y cuando ellas estaban en el trabajo o habían salido nos dejaban las llaves en la tienda de la señora Adela. Estaba al lado de la casa de Rosalía, que por aquellos días se llamaba Rosi. Eran unas llaves enormes que no se podían llevar colgando so pena de hacerte una pella en el bolsillo de campeonato.

YO: ¿Andaba mucho por el barrio Amancio?

X: Claro, venía a recoger a Rosalía, la esperaba en el portal de su casa.

YO: ¿Qué aspecto tenía?

X: Era un hombre serio, maduro, que se llevaba mucho.

YO: ¿Cómo que se llevaba mucho? No entiendo.

X: Pues que gustaba a las mujeres, daba la talla me refiero. Amancio puede no ser un adonis pero entonces entraba en el arquetipo de galán.

YO: Descríbemelo por favor.

X: Mediano de estatura, serio, observador, iba vestido como cualquier hombre de la época, no excesivamente formal, limpio, normal, qué quieres que te diga, uno entre cien mil, no destacaba absolutamente por nada.

YO: ¿Y qué hacían los novios?

X (*risas y mirada capciosa*): Pero mujer, cómo quieres que lo sepa, pues lo que todo el mundo, supongo... Ir a tomar unas cañas a los bares del Orzán, pasear por los Cantones, bailar en las verbenas de la ciudad vieja, ir al cine, yo qué sé. No tengo ni idea, y tampoco puedo juzgar a tenor de lo que hacía yo.

YO: ¿Qué era el padre de Rosalía?

X: No lo sé a ciencia cierta. Tenía una chalana, le llamaban Piocho. Por la tarde sacaba la chalana para ir a pescar calamares y por las mañanas nos la dejaba a los chiquillos, era muy buena persona.

YO: Y Rosalía, ¿ tenía hermanos?

X: Dos hermanas, Mila y una más pequeña que ella; una trabaja en Zara.

YO: ¡Vaya, veo que aquí todo el mundo trabaja en la gallina de los huevos de oro!

X: Naturalmente, excepto Rosalía, que aparte de ser dueña está apartada del negocio, los demás sí, bueno, la hija, Sandra, tampoco trabaja en Inditex, pero su marido está en comercial, creo, aunque no me des demasiado crédito, tampoco sigo mucho ese tema, y la verdad tampoco me importan demasiado los asuntos de esa familia.

YO: ¿Tú crees que Rosalía se desvinculó de la empresa a causa de su separación de Amancio?

X: Quizás, pero cuando nació su hijo pequeño, ella se volcó totalmente en él. Su mundo es ahora la Fundación Paideia de ayuda a los discapacitados, vive totalmente entregada a ella, creo que hace muy poca vida social.

YO: Sí, ella misma me lo ha dicho, sale muy poco.

X: Que yo sepa no ha rehecho su vida sentimental y tampoco está divorciada de Amancio.

YO: Eso ya no lo sé.

X: A lo mejor son intereses económicos.

YO: Tal vez. De todas formas ella habla con un profundo respeto y cariño de su ex marido. ¿Sabes qué me dijo cuando la entrevisté?

X: No.

YO: Acababa de preguntarle por qué se había metido en el tinglado de Zara cuando no contaban con un duro y partían de la peor de entre todas las situaciones posibles; quién les iba a echar una mano en esos momentos. Ella me contestó: «Me limité a tener fe en el proyecto del hombre que amaba, eso es todo».

X: Muy propio de Rosalía. De todas maneras, a un periodista, y perdona que lo diga, pero para mí es evidente, ella no va a confiarle sus intimidades.

YO: Pues no sé qué decirte X, los periodistas tenemos una fama terrible, pero ten en cuenta que estamos acostumbrados a entrevistar a cientos de personas, desde una vendedora de pescado de la plaza de Santa Lucía hasta el decano del Colegio de Arquitectos, el alcalde de La Coruña o al Miguel Bosé de turno que recala en la ciudad. Aprendemos a leer entre líneas, aprendemos a interpretar gestos, expresiones, palabras dejadas caer como lastres, palabras no dichas. Te puedo decir que de la entrevista a Rosalía saqué bastantes conclusiones.

X: A lo mejor son conclusiones equivocadas. No me quiero meter donde no me llaman, pero ¿cómo tienes tanta seguridad de que has interpretado bien?

YO: Por un sexto sentido.

X: Yo sólo te prevengo: no te fíes de tus impresiones, pueden ser una trampa. ¿Qué te pareció Rosalía?

YO: Ya la conocía. Es una mujer misteriosa y, como todos los Ortega, una millonaria progresista. Algo difícil de encajar, lo comentaba el otro día con los sindicalistas de Comisiones Obreras. Rosalía es una mujer comprometida, participativa, uno jamás se imaginaría que es rica por su casa porque no tiene aspecto ni de millonetis ni de ejecutiva adinerada. A su hija, Sandra, y al que era antes su novio y ahora marido, se les podía ver en todos los tejemanejes estudiantiles que se organizaban en el instituto público de Zalaeta donde ambos estaban matriculados. Y no es que en La Coruña falten los centros privados e incluso los colegios de elite, que los hay, repletos de hijos de dentistas, médicos, arquitectos, ejecutivos, farmacéuticos, notarios, corredores de comercio y gente así. Pero ella se educó en un instituto que no es precisamente la *crème de la crème*. Te la podías encontrar en la puerta del supermercado, sentada en los escalones zampándose un bocata tan ricamente. En fin, no me digas que esto es lo normal.

X: ¿Qué? ¿El que no sean nuevos ricos?

YO: Por descontado que no lo son. Y para salir de dudas basta ver la casa de Pepita Ortega y Miguel Jove.

X: ¿Qué le pasa a la casa?

YO: Pues que hasta hace unos pocos años, la hermana de Amancio y su marido vivían en un barrio obrero, en una casa que vista desde fuera da la impresión de ser lo más feo y pobre de la ciudad. Ante esto uno no puede menos que preguntarse, ¿por qué vivirá ahí una mujer que es apoderada de la mayoría de las empresas de Inditex, miembro del Consejo de Administración y encima accionista? Te voy a contar una anécdota que salió en una conversación con el secretario de acción sindical de Comisiones Obreras. Parece ser que no hace mucho Amancio estuvo en el concesionario de Jaguar y se interesó por el último modelo, un cochazo que acaba de salir, de esos con tantos ceros que te tumban en cuanto te dicen el precio. Uno de los empleados le vio la pinta y debió de pensar que no merecía la pena gastar el tiempo con ese mirón y dedicó toda su atención a otro cliente interesado en un modelo de los asequibles. Después de un rato de espera, Amancio se cansó y se fue. Entonces un testigo de la escena le dijo al empleado de marras: «Se te acaba de marchar Amancio Ortega». Y así es como funciona nuestra sociedad.

X: Volvamos a Rosalía.

YO: Volvamos.

X: ¿Qué impresiones sacaste de ella?

YO: Que está en paz consigo misma, pero que no derrocha felicidad, que es pragmática y que el dinero, aunque le haya traído seguridad, no la ha hecho una persona distinta. Que se cuestiona mucho el mundo y el orden social, y que en algún lugar de su interior queda un rescoldo de amargura por el flaco papel que las mujeres de la familia han tenido en el desarrollo de Zara. También me dejó claro que, hoy por hoy, ella está desvinculada de la empresa porque su proyecto de vida es Paideia. Quizás sea un poco altiva, no sé, a ratos. Al principio yo estuve un poco seca, pero conforme hablábamos me iba ganando. Es una mujer muy inteligente, pero jamás baja la guardia, de lo que deduzco que tiene miedo a que le hagan daño si muestra su vulnerabilidad.

X: Rosi para mí tiene otro mérito; no se ha conformado con el dinero, se ha preocupado de buscarle sentido a su vida. Así como para Amancio su vida es Inditex, para ella es la Fundación. He leído en el periódico que incluso ahora se ha metido a empresaria para que los jóvenes discapacitados tengan oportunidad de trabajar.

YO: ¿Sabías que es una forofa del psicoanálisis? Mientras la esperaba estuve ojeando unos cuantos libros del despacho. Por lo menos no me aburrí.

X: Pues no lo sabía.

YO: ¿Y qué relación seguís teniendo?

X: La normal, cuando nos vemos por la calle nos paramos y hablamos.

YO: Así que contigo no ha cambiado.

X: En absoluto, aunque nuestros contactos han sido siempre muy superficiales, date cuenta de que hemos sido vecinos y punto.

YO: ¿Has estado alguna vez en su casa?

X: ¿En qué casa?

YO: En qué casa va a ser, en la de ella, la de Rosalía.

X: Me refería a cuál de sus casas.

YO: ¿Tiene varias?

X: Naturalmente; pero no, no he estado. La más bonita es la de Lians, en Oleiros, eso dicen. Parece un búnker de lo bien guardada que está. Un sitio absolutamente idílico.

Acabada la trascripción aproximada de mi entrevista con X, me tomo unos minutos de descanso. No grabo mis entrevistas para el trabajo de Zara por dos razones: la primera, porque nadie me contaría una palabra si sus voces quedaran registradas; y la segunda, y no menos importante, porque el magnetófono intimida al entrevistado y lo vuelve más cauto en sus revelaciones. Si no hay testigo de por medio, no hay miedo a ser acusado o implicado en algo que supuestamente se dijo, pero de lo cual no existen pruebas.

Miro el reloj y veo que todavía son las once. Busco el dossier de trabajo que me he confeccionado sobre la obra de la familia Ortega y lo examino minuciosamente. «Veamos», me digo.

DOSSIER DE TRABAJO

Todo cuanto atañe a Amancio Ortega Gaona, presidente de Industria del Diseño Textil (Inditex) y creador de Zara, produce perplejidad, asombro y, como quiera que está a años luz de la indiscreción habitual en la filosofía y cultura empresarial predominante, ha favorecido el nacimiento de una leyenda sobre su persona digna de figurar en el repertorio de las grandes antologías del disparate.

Según creencias hindúes, el sostén de la tierra en un universo hueco e infinito se entiende por la existencia de cuatro pilares cuyo peso soportan a su vez cuatro elefantes. En los orígenes de Zara el sostén de la empresa fueron las palabras de Amancio a los directores de los bancos. Oían hablar a aquel joven modesto que nunca asistía a las reuniones trajeado, y sentían que cuanto estaba diciendo se haría realidad porque era pragmático, imaginativo y conocía bien su porción de mercado.

La infancia de este hombre, que nació accidentalmente en un pueblo de León, ahogado por las montañas, transcurrió entre el paisaje leonés. Años atrás el ferroviario vallisoletano Amancio Ortega Rodríguez había tomado por esposa a una chica de su misma provincia, pero de un pueblo cercano a la capital, Valoria la Buena. Se llamaba Josefa Gaona Hernández. Una vez casados se afincaron en Busdongo de Arbas, un destino importante para el marido, por tratarse de una estación con mucho movimiento. Allí vinieron al mundo los cuatro hijos: primero un chico, Antonio, unos años después dos chicas, Pepita y Pilar, y por último el benjamín, Amancio.

Transcurridos los primeros años de posguerra la familia se trasladó a La Coruña. Los chicos ya no iban a estudiar más, dado que en la España de entonces sólo proseguían estudios de bachillerato, o bien los niños de familias burguesas, o los que iban a hacer carreras universitarias. Una vez instalados en esta ciudad marítima, tres de ellos buscaron trabajo.

Vivían entonces en un piso del paseo de Ronda, en el cual el matrimonio Ortega continuaría su estancia una vez que los hijos marcharan de casa y se independizaran, hasta que en la década de los ochenta se mudaron a La Maestranza, un barrio de la primitiva urbe coruñesa.

La vida no era fácil. Fueron años de estrecheces y privaciones, no sólo para ellos, sino para prácticamente todo el país. Amancio enseguida encontró colocación de chico de los recados en una camisería de la calle Real llamada Gala. Este empleo le duró poco, pues enseguida sus deseos de mejora le llevaron a emplearse como dependiente en un establecimiento comercial de la calle San Andrés donde, a poco de entrar él, consiguió trabajo también su hermano mayor, Antonio, y un tiempo después, en las oficinas de la empresa, en la plaza de Santa Catalina, su hermana Pepita.

La Maja era un comercio de prestigio en la ciudad. Llegó a tener tres tiendas y un almacén. Estaba estratégicamente situado en una de las calles más transitadas de La Coruña, la de San Andrés, de un extremo en lindes con el mercado de San Agustín, y de otro con la señorial plaza de Pontevedra, puerta de desahogo hacia el mar. Un flujo continuo de clientes trajinaba por La Maja. Se trataba de un negocio próspero, en disposición de dar trabajo a adolescentes deseosos de aprender un oficio y necesitados de ayudar en sus casas con una aportación suplementaria. Muchos de ellos llegaban a prosperar, como fue el caso de Antonio Ortega, ascendido de dependiente a viajante. El ambiente laboral se podía calificar de distendido y familiar. En bastantes ocasiones los Ortega eran invitados a comer en casa de los Castro, y los chicos mayores del matrimonio llegaron a establecer relaciones de amistad con Amancio y Antonio. De hecho, cuando Antonio y su novia, Primitiva, se casaron y tuvieron a su primera hija, le pusieron a ésta María Dolores por la dueña de La Maja. Asimismo le pidieron a doña Lola que fuera la madrina de la niña, un gesto de aprecio y cariño que la anciana señora Quintas recuerda con gratitud. En los comercios de aquella época esta clase de relaciones entre empleados y dueños se prodigaba, dada la naturaleza de los negocios familiares, meras prolongaciones de las propias casas. Los dependientes acostumbraban a sacar sillas al otro lado del mostrador para que los clientes se sentasen a descansar. El tiempo carecía del valor que tiene en la actualidad. Los clientes, aparte de ir a la mercería a comprar, lo hacían para charlar, enterarse de las novedades, comentar los últimos sucesos del país e intercambiar rumorología sobre los habitantes de la ciudad. En este sentido no había sitio más idóneo para ir en La Coruña que La Maja.

Fue en este comercio coruñés donde Amancio Ortega conoció a su futura esposa.

Rosalía fue la primera en marcharse del negocio. Para cuando ella decidió dejar el empleo, de acuerdo con Amancio, el futuro hombre de negocios ya había hecho sus primeros pinitos empresariales a través de su cuñada Primi y del primogénito de los Castro, José Luis. Entre Amancio y José Luis elegían las puntillas, los encajes y las telas de los camisones que querían vender en La Maja y que Primi se encargaba de coser en casa con sus propios patrones. El negocio era a pequeña escala y se tenía la seguridad de que La Maja absorbería el trabajo de Primi.

En todo este proceso, sin embargo, encontraron un fallo estrepitoso, ya que prácticamente el total del valor añadido de cada bata y camisón confeccionados se perdía, pues ellos no eran los fabricantes ni tampoco los vendedores. De modo que el beneficio iba a parar por partes: para quien había fabricado la tela y los accesorios, para los viajantes y para el comercio vendedor. A ellos, finalmente, les quedaba una miseria. De esta experiencia empresarial Amancio extrajo una consecuencia: puesto que Primi conocía el oficio de la confección, Antonio se había convertido en un experimentado viajante y él mismo tenía dotes para la gestión, ¿por qué no crear su propia empresa? Ninguno tenía un chavo ahorrado, pero estaban los bancos, y si presentaban un proyecto en regla no les iban a negar el dinero.

Amancio lo consultó con Rosalía y su mujer le dio el visto bueno. Tenía fe en su proyecto. Amancio abandonó La Maja, con una hija recién nacida y una mujer jovencísima que estaba dispuesta a seguirle al fin del mundo.

El primer paso fue alquilar un bajo en la calle San Rosendo que les sirviera de taller, un sótano lóbrego y húmedo donde tendrían que aguantar cierto tiempo hasta que los negocios se estabilizaran. Luego vendría el local de la calle Noya, alquilado con la misma pretensión. La familia fue toda a una, como un piña. Estaban convencidos de que saldrían adelante fuera como fuera.

En este viaje hacia el autoempleo se les uniría otro viajante de La Maja, José Caramelo —futuro creador de la marca comercial Caramelo, competidora en la actualidad de las cadenas de Inditex—, y algunas empleadas más que llegarían a ser encargadas de Zara en diversas tiendas de la ciudad.

Como cualquier comienzo de gente emprendedora, pero sin fortuna detrás que pudiera respaldar posibles errores, los Ortega se vieron obligados a recurrir a los préstamos de los bancos.

Pastor y Bilbao fueron los primeros en tenderles la mano. Un directivo del Pastor, que durante años se reunió semanalmente con Amancio, recuerda las dotes de convicción del empresario: «En este negocio uno distingue a la legua al que cree en lo que está diciendo del que simplemente lee una cartilla que lleva aprendida. Desde el principio el banco confió en él. Con esto no quiero decir que intuyéramos en aquel entonces la magnitud que llegaría a tener la empresa, pero sí que Antonio y Amancio iban a alcanzar prosperidad en su negocio, y que con su tenacidad lograrían hacerse un nombre en el mundo empresarial. Lo que más me llamó la atención desde un primer momento de Amancio Ortega fueron sus ideas absolutamente modernas. Lo escuchabas hace treinta años y parecía que estuvieras oyendo a uno de los expertos en economía de hoy. Él ya pensaba entonces en todas estas teorías que hoy parecen el colmo de la modernidad. Si ese hombre hubiera nacido en Norte América, sería el nuevo Rockefeller. Además, se daba la circunstancia de que tenía un profundo conocimiento del mercado donde quería entrar. Su capacidad para entusiasmar y convencer al interlocutor de que su proyecto, además de perfectamente viable, sería muy rentable, constituía un arma infalible. En el banco Pastor, Amancio siempre ha tenido crédito, y juzgo que él ha sabido agradecer nuestra confianza porque públicamente yo le he oído defender el papel de los bancos en la economía y decir decenas de veces que éstos son necesarios para que existan las empresas».

En 1963 se crea Goa Confecciones, la semilla de Zara, acrónimo invertido de los apellidos Ortega y Gaona. La fábrica se ubica en el polígono de la Grela, actualmente absorbido por la ciudad. Rosalía Mera comprueba que los planes de Amancio se van cumpliendo en los plazos que él ha anunciado. Desde 1963 hasta 1975 el negocio de las batas y camisones experimenta un crecimiento sostenido. Venden a empresas externas predecesoras de las grandes superficies. Sin embargo, no es suficiente. Los hermanos Ortega y sus mujeres han estado hablando y quieren que el negocio tome el sesgo que ellos le dieron desde un principio: ser fabricantes, pero también distribuidores y vendedores. Rosalía Mera no recuerda de qué cabeza surgió la idea de Zara ni tampoco a quién se le ocurrió el nombre de la tienda.

Según afirma la revista española *Actualidad Económica*, la idea del nombre procede de Amancio. Parece ser que llevaba pensado el de Zorba, pero en el registro de marcas y patentes le chafaron sus planes al existir ya un comercio en La Coruña con ese nombre registrado.

Al principio Zara será una tienda bazar, como los comercios de moda en la década de los setenta donde además de ropa (bragas de espuma, camisones, batas de guatiné y de pirineo, faldas, ropa de niño, jerseys, pantalones de caballero de franela, toallas, etcétera) se venden libros y discos. La fórmula híbrida no funcionará. Los libros y los discos no se venden. El concepto de bazar va en declive, como quedará demostrado durante la década de los ochenta con las numerosas quiebras económicas de empresas que aparentemente marchaban bien.

De nuevo el clan Ortega revisa sus planteamientos: si el bazar no es ninguna panacea, ¿hacia dónde hay qué mirar? ¿Cuál va a ser el futuro en el sector de la confección? La decisión vuelve a tener el cuño de Amancio: volvamos a lo nuestro, a lo que sabemos hacer. Dejemos los libros, los discos, cualquier cosa que no sea ropa, y a por todas.

Haciendo gala de su gran olfato para los negocios, dirige los pasos de Goa Confecciones —Zara en su traducción comercial— hacia una respuesta que hoy se antoja sencilla, por evidente, pero que en su día nadie, a excepción de los Ortega, fue capaz de perfilar: «A la gente, especialmente a las mujeres, le interesa la moda, lo novedoso, le atrae el diseño de avanzadilla, pero la mayoría no puede permitirse los precios de las boutiques. Nosotros tampoco nos podemos permitir acumular stock sin vender, ni vivir de espalda al mercado. Hagamos, pues, ropa barata que se parezca mucho a la ropa que se vende en esos comercios exclusivos, y hagámoslo a tenor de los gustos cambiantes de la sociedad». Este sistema, conocido por *just in time*, fabricación en tiempos, que no admite almacenajes ni remanentes que ahogarían a una pequeña empresa, es la solución. En el fondo, lo que han descubierto los Ortega, sin ponerle aún este nombre al concepto, es la democratización de la moda. Han sentado las bases de una nueva forma de entender la industria textil. Asistimos a los comienzos de la ZARAVOLUCIÓN.

Y empiezan por los jerseys *shetlands*, que venden en una nueva tienda, ubicada en la calle Juan Flórez de La Coruña, a 500 pesetas.

En sólo una temporada la Universidad de Santiago de Compostela está inundada de jerseys de Zara sin que haya todavía una tienda en la ciudad.

Corre el año 1975. El 15 de mayo se abre la primera Zara de la historia en pleno ensanche de La Coruña, la calle Juan Flórez, números 64-66. Sin embargo, un dato que no se conoce ni aparece publicado en ninguna parte, es que esta fecha no indica el primer negocio de los Ortega. Antes de que exista Zara, los Ortega y varios socios han abierto una boutique en la calle San Andrés, no muy lejos de donde estaba La Maja, una empresa que con el tiempo fue a la quiebra. La tienda se llama Sprint. Allí venden lencería hecha por ellos y ropa comprada a terceros de marcas conocidas como Lee, Aninoto y otros fabricantes españoles. Esta propuesta comercial convive con la oferta Zara aunque cuatro años más tarde, en 1979, Sprint cierra y los Ortega se centran en el otro negocio, que su perseverancia conducirá al éxito internacional.

El 1 de diciembre de 1975, a las puertas de la Navidad, las primeras fiestas sin Franco felicitando a los españoles por la televisión, abre la segunda Zara en la calle Torreiro, corazón de la urbe tradicional, a escasos metros de la peatonal calle Real y de la plaza de María Pita, sede del Palacio Municipal. Se trata de un emplazamiento privilegiado, pues por esa calle pasa mucha gente. Desde el primer momento los Ortega tienen claro que han de elegir sitios céntricos donde instalarse, de ahí que centren en el reclamo de los escaparates buena parte de las expectativas de éxito. Al equipo de Zara se incorpora el catalán Jordi Bernardó, un viejo conocido de los Ortega por haber sido escaparatista free-lance de La Maja. La originalidad de sus escaparates da que hablar en La Coruña primero y luego en todo el mundo. Para atraer la atención de los paseantes, Bernardó llega a meter en ellos conejos y gallinas vivos en jaulas. Como recuerdan los empleados más antiguos de estas dos tiendas, «Los conejos acabaron al final de la temporada en la cazuela del restaurante Mascoto primero y después en sus estómagos. Del destino de las gallinas nadie se acuerda. Eso sí, había que darles de comer, limpiar las jaulas y ocuparse de sus excrementos».

Las primeras tiendas Zara son un batiburrillo de cosas colocadas: lo menudo, en cubetas de plástico y lo más engorroso, como ropa de casa y toallas, en armarios-estanterías. La estética es la propia de los comercios de los setenta. La ropa inicial de Zara se etiqueta como Goa, aunque hay un poco de todo: género de punto y confección de niño y caballero, que se compra a terceros, y ropa del taller de la calle Noya. Los camisones de 195 pesetas son el furor. Tienen grandes flores verdes muy brillantes, el tejido es de mírame y no me toques, tanto que si le acercas una cerilla tardará menos de dos segundos en combustir. Se vende a discreción la falda negra de talla grande y las batas que hacen en la fábrica. Los jerseys azul marino y los *shetlands* de los estudiantes son productos estrella. Las batas siguen dando mucho juego. No es raro que traigan compañía, pues en el taller de la calle Noya hay ratones. A veces, cuando las dependientas de Torreiro y Juan Flórez deshacen los paquetes, se encuentran con que la bata viene con agujero incluido.

La producción, de momento, es reducida, pero conforme Zara crece y se extiende a otras ciudades gallegas un nuevo planteamiento aparece en la forma de concebir el negocio de los hermanos Ortega. Conviene ir dejando la lencería para la época de rebajas. El público demanda novedad y precios baratos, ahí es donde se debe marcar el objetivo. «Hay que crear más fábricas y buscar socios», se afirman convencidos de la expansión.

No hay que dejarse llevar por una falsa impresión, todavía la fórmula cuyo éxito intentará copiar medio mundo está en pañales. El departamento de diseño de Zara es irrisorio. Copian de las boutiques más exclusivas de La Coruña y reproducen los patrones. Enseguida Amancio lanza a su pequeño equipo a viajar por los centros de la moda internacional, pero en cuanto ven a aparecer a los de Zara los tratan de intrusos y advenedizos. Amancio quiere que sus chicos de diseño conozcan qué se está haciendo en París, Madrid, Florencia, por dónde van las tendencias. Luego a copiar y a pasar a los patronistas sus ideas.

Por otra parte, ha visitado la moderna instalación de la empresa Texman de La Coruña, donde se fabrican camisas con un sistema realmente asombroso que despierta el interés de Amancio. Ironías de la vida, esta empresa de tecnología punta cerrará y en su lugar los hermanos Ortega instalarán dos fábricas: Kenner y Zintura.

El otro pilar de oro en el que se asienta Zara es la gestión de la información. Desde el primer momento Amancio tiene claro que la fórmula consiste en «vender la ropa antes de que se venda». Esta frase que parece un trabalenguas encierra una filosofía comercial revolucionaria: sólo hay que producir lo que se va a vender, y para eso hay que estar pendiente de lo que la gente quiere comprar. Para conseguirlo articulan dos fuentes de información, una externa: los diseñadores están obligados a viajar constantemente para conocer las tendencias del mercado, y otra interna: los propios clientes. Sus sugerencias y demandas son muy tenidas en cuenta. Los años ochenta traen los primeros ordenadores y los primeros balbuceos de la informática a nivel de usuario y comercial. Zara es una de las primeras empresas españolas en informatizarse de arriba abajo. Son los informáticos de Zara, reclutados en la ciudad, quienes se encargan de ir dando forma a los programas futuros para gestionar la gran empresa. Si bien es cierto que Toyota asesoró sobre los mecanismos del *just in time*, para la industria textil lo cierto es que todo el mérito del funcionamiento del gigante es atribuible al personal informático de Inditex: la red descansa en un pulmón informativo en continuo movimiento que se comunica de manera individual con cada habitáculo y que proporciona información acerca de lo que ocurre en cada una de las empresas. De manera que al final del día es posible saber los ranking de ventas de cada Zara y ponerlos en relación con las cifras del año anterior en la misma fecha. A Inditex le cabe el honor de ser la primera empresa española en percatarse de las posibilidades de internet para la gestión interna de la compañía. Cuando ese instrumento novedoso llamado *e-mail* apenas cuenta en el conjunto de las empresas españolas, Zara ya ha creado una red interna de comunicación y ha averiguado por su cuenta qué derroteros tomará la revolución tecnológica que se aproxima a pasos de gigante.

Por entonces también empieza a perfilarse la idea de crecer sin invertir una peseta en publicidad, algo impensable para el sector. Con la apuesta por la comunicación a través del punto de venta y la imagen de marca expresada mediante el escaparatismo y el propio aspecto de las tiendas, revolucionan el marketing comercial. No les importa aparecer o no aparecer en las revistas, no pagan un duro porque su nombre se publique e incluso, hasta muy avanzada su trayectoria empresarial, cuando poseen ya un hormiguero de tiendas en España, los Servicios Centrales carecen de un departamento de Comunicación e Imagen con un responsable al frente.

El entramado societario de los Ortega es otro asunto interesante. En los primeros años, antes también durante el nacimiento de Inditex, el holding que controla el grupo de empresas y sociedades, los hermanos Ortega y sus respectivas familias, establecen acuerdos y alianzas con otros socios capitalistas. Éste será el caso de José Samaniego Vecino, socio de Samlor desde su constitución en 1974; de Isidore Benhamou Zermati, socio de Confecciones Noite S.L., constituida asimismo en 1974; de José Antonio Vázquez Sánchez, socio en Confecciones Noite S.L. desde 1977; de Enrique García Amil y de Rogelio García Vigo, socios en Confecciones Fios S.A. desde su constitución en 1980. Aparte de las personas nombradas, los Ortega se las compusieron ellos solos, si bien el despegue del negocio llevó cierto tiempo y no siempre estuvo arropado por el éxito inmediato.

En el contexto histórico-político necesario para explicarse cualquier boom económico de esta índole, nos encontramos con un territorio geográfico, Galicia, que durante siglos primero y cuarenta ininterrumpidos años después ha presenciado la obstrucción del desarrollo de su lengua y cultura, así como todo intento de búsqueda de una identidad nacional. Durante la década de los setenta esta monolítica visión de Galicia se empieza a resquebrajar por varios puntos. Y de esta apertura se beneficia el orden empresarial, abanderado por las familias de tradición empresarial, los empresarios de nuevo cuño y los grandes emprendedores surgidos al abrigo de pequeños comercios, sastrerías, ultramarinos, talleres e incluso de la nada, como es el caso de los Ortega y de muchos otros importantes nombres de la nómina empresarial gallega. Son años en que surgen iniciativas como las Cooperativas Orensanas (Coren) de Gómez Franqueira; Gadisa de Roberto Tojeiro, el mayor líder actual del sector de la distribución; la maderera Finsa; la constructora Fadesa; la transportista Azkar, ligada indirectamente a Zara mediante su flota de camiones, o un sinfín de industrias textiles que viven su eclosión en este momento. El célebre eslogan de Domínguez «la arruga es bella» recorre la década de los ochenta como un reguero de pólvora. Pero este despertar gallego encontrará un fuerte impulso en la existencia de pequeñas cooperativas y talleres nacidos al amparo de municipios pequeños y medianos como Verín, San Ciprián de Viñas, Arteijo, Lalín..., de donde van a salir los nombres comerciales de Caramelo, Florentino, Unicén, Antonio Pernas, Roberto Verino, Adolfo Domínguez y un largo etcétera de fabricantes. Esta irrupción del textil en una región desindustrializada se explica por la canalización del paro femenino hacia una asunción de responsabilidades económicas dentro de la economía familiar. Las pequeñas cooperativas y talleres de confección reciben trabajo de estas nuevas empresas, y si bien en los primeros años predomina la economía sumergida y el trabajo a destajo, pronto las empresas atemorizadas por las inspecciones de trabajo y las multas optan por obligar a los talleres con quienes trabajan a que coticen a la Seguridad Social. El párroco de un barrio obrero coruñés, Santa Gema, el padre Jorge, gran conocedor del fenómeno cooperativo navarro y vasco, llega a pactar con las empresas proveedoras de las máquinas de coser, Sigma en Eibar y Fondus de Valencia, ya desaparecidas, el suministro de las máquinas a crédito. Cada cooperativista aportaba 600.000 pesetas de capital inicial. En los años ochenta la administración autonómica gallega, sensibilizada por esta oportunidad de empleo para el sector, crea unas ayudas y subvenciones dirigidas a promover el cooperativismo en el medio rural. Zara, todavía con la vista puesta en el mercado interior español, va a hacer uso de esa baza. El padre Jorge recuerda cómo fueron a buscarle de Kenner, una de las fábricas de Inditex, para darles trabajo. «Crecimos juntos —afirma el párroco de Santa Gema—, aunque a decir verdad no estábamos preparados para el crecimiento que en cuestión de pocos años desbordó y desbarató muchas cooperativas. En Galicia el espíritu y la cultura cooperativa eran escasos, las mujeres lo pasaban muy mal, casi ninguna sabía coser, el sistema de control de métodos era inexistente y tampoco se optimizaba la producción; además existían grandes fallos en la gestión interna y las empresas suministradoras del trabajo se desentendían de todos estos problemas.»

El vecino Portugal también se convirtió en referente de negocio para empresas como Inditex. La fuerte tradición textil portuguesa y su proximidad geográfica sirvieron de acicate para un aprovisionamiento a bajo precio y una mano de obra barata.

Al calor de la autoestima y del proceso de recuperación del protagonismo como nación histórica, en Galicia, no es por casualidad que surja una empresa como Industrias de Diseño Textil, el holding creado en 1979 por Amancio Ortega y su familia. El salto internacional está a punto de producirse. De hecho, durante 1989 Zara inaugurará su primera tienda fuera de las fronteras españolas en Portugal, Oporto y unos meses después, el primer establecimiento emblemático: L´Opera, en París.

Pese a que hace ya algunos años que varios miembros de la familia no siguen en la carrera, Amancio ha decidido que no descansará hasta que vea una de sus tiendas abiertas en pleno corazón de Nueva York, un sueño que no tardará en cumplirse.

Desde la creación de Goa Confecciones en 1963 hasta Inditex en 1979, pasando por la constitución de Goasam S.L. en

1974 y luego en 1983 transformada en sociedad anónima, han ocurrido importantes sucesos referidos al universo familiar de los Ortega. Primitiva y Antonio, padres de María Dolores, han dejado paso a una nueva generación. Pepita Ortega, casada con Miguel Jove González, ha sido madre de María José y Miguel, y en lo que respecta a Amancio y Rosalía, ellos también han sido padres por segunda vez, esta vez de un chico: Marcos. Pero con este hijo un problema irresoluble se le presenta desde el principio al matrimonio Ortega Mera, el niño necesitará de la atención de sus padres mientras viva y Marcos da un vuelco total a la vida y al mundo de Rosalía Mera. Frecuentes viajes a Barcelona marcarán este período de impotencia y dolor.

Mientras tanto, Antonio y Amancio Ortega siguen empeñados en hacerse un hueco entre los grandes de la moda. La década de los ochenta será la de la implantación en España de un grupo italiano, surgido en Treviso, que basa en la publicidad de Oliverio Toscani y en las estrategias invasivas del mercado —mediante una red de franquicias— la conquista del bolsillo de los españoles. Mientras los precios de Benetton son altos y exigen una clientela con cierto poder adquisitivo, los de Zara son bajos, como para que no dé reparo comprar ropa para una temporada y luego deshacerse de ella. En el norte español, Galicia y Asturias principalmente, se empiezan a oír con insistencia comentarios sobre una red de tiendas que vende ropa de diseño barata. La calidad no es muy buena, es el comentario más extendido, pero tiene diseño y no tiembla el bolsillo con los desembolsos.

De la fórmula bazar hemos pasado a la explosión de los centros comerciales y grandes superficies donde se puede hacer de todo: desde ir al cine, realizar la compra del mes, comer en un restaurante o tomar algo en una terraza a cubierto, curiosear en tiendas de ropa y complementos o en las de muebles, electrodomésticos, joyerías, ópticas, etcétera. Estamos en plena eclosión del consumismo y de la nueva filosofía del usar y tirar. La ropa de Zara interpreta este concepto religiosamente. Pero no sólo cala en la sencilla idea que propugna no arruinarse, si de lo que se trata es de vestirse y sentirse bien con lo que se lleva puesto, sino que con su clamorosa expansión nacional inventa un nuevo predicamento que voces más tenues que la suya en moda, como la de José Barroso en Don Algodón, la de los hermanos Benetton o la del francés Alain Manoukian, reivindican para el nuevo ciudadano del siglo XXI.

Vivimos inmersos en la doctrina democrática, hemos presenciado dos guerras mundiales, unas cuantas más civiles, la radical partición de Europa en dos bloques y el posterior deshielo. Para nuestra desgracia también hemos sufrido la experiencia del lanzamiento de dos bombas atómicas y lo que es aún peor: albergamos la certeza de que nuestra vida pende de un hilo. No es que antes no pendiera, la diferencia estriba en que ahora no sólo se trata de una vida particular, sino de la del género humano, la de esos millones de criaturas que cada día se levantan de la cama, van a trabajar y vuelven a sus casas cuando acaba la jornada. Estamos en los albores del siglo XXI y nuestra democracia es débil y enferma cada poco. Conocemos la cara más negra de la recesión económica, y ya nada puede ser igual a como lo era para nuestros antepasados. Nuestros miedos por todo lo vivido y conocido nos empujan a reinventarnos, y la moda nos reinventa con sus postulados de igualdad y homogeneización dentro de la heterogeneidad. Zara recoge este guante lanzado al aire, pero el viaje lo realiza Amancio en solitario. La muerte sorprende a Antonio con sólo cincuenta y nueve años. Rosalía y Amancio se separan poco antes de 1986 y entra en la vida de Amancio una segunda mujer. Las sociedades de Inditex se reestructuran, continuamente surgen nuevas sociedades y empresas. Las tiendas se multiplican. Las revistas de moda empiezan a hablar insistentemente de ese fenómeno llamado Zara. La década de los ochenta será la de la expansión española y consolidará en sus años finales un tímido coqueteo con el mercado portugués que, por otra parte, recibe a la cadena vecina con los brazos abiertos.

Pero el mundo, como no se cansa de describir Marshall McLuhan, es una aldea global y no se puede mover un pelo en Occidente sin que Oriente se resienta de este leve movimiento pendular. La mano de obra del mundo subdesarrollado o tercer mundo es barata e inhumana. Hay voces de denuncia que ponen en entredicho las prácticas de las grandes empresas de moda, mobiliario o calzado. Zara también se aprovecha de los buenos precios de América y sobre todo de Asia. Y como ninguno de sus competidores europeos y norteamericanos tiene demasiado interés en preguntar si el género lo fabrican empleados de a partir de ocho años en unas condiciones laborales de absoluta esclavitud, el mercado sigue creciendo. Zara no se ha visto envuelta en escándalos por esta clase de prácticas que sí, en cambio, han salpicado a su más directo competidor en Europa, el grupo Benetton, a quien un periódico italiano denunció por utilizar en la fábrica de Turquía niños de entre nueve y trece años. La expansión internacional comienza en la década de los noventa y se consolida en sus años finales con un ritmo de apertura de una tienda cada tres días. De la mano de socios importantes, como Otto Versand en Alemania, Bigi en Japón, Reitman en Canadá y el grupo de Treviso en Italia, se suscriben acuerdos de colaboración, el de Italia roto en 1999. Zara penetra en mercados impensables como los Emiratos Árabes, Israel o Líbano. También rompe la barrera del océano para ir a asentarse en el corazón de la moda americana, la deseada plaza de Nueva York, donde reinan Calvin Klein, Donna Karan, Anna Sui, Carolina Herrera, Oscar de la Renta y los grandes de Europa y Japón, así como las populares cadenas de moda Gap y Banana Republic del californiano Donald Fisher. Amancio ha visto cumplido su sueño. Y en el mercado español, aparte de su antiguo competidor Cortefiel, pionero en el *vertical retailer*, que ha recogido parte de la clientela inicial de Zara (mujeres de mayor edad relegadas por la invasión minimalista), se las tiene que ver con el milagro de otro intruso: Isak Andic, judío sefardí de Estambul y creador de la cadena Mango. Pese a que Mango utiliza fórmulas distintas a Zara, entre otras la franquicia como arma de crecimiento y no tienen sección de hombre ni de ropa de niño, Zara compite directamente con Mango en lo que se refiere a un segmento del mercado basado en el mismo tipo de mujer.

Veinticinco años después de la apertura de la primera Zara, apenas queda nada de ese coro de obreras adolescentes de Samlor que en los ratos libres jugaban al pañuelo mientras Antonio las observaba desde la puerta. Ya no hay ratos libres. Ya no existen las comidas de Navidad, promovidas por Antonio Ortega, en los comedores. Inditex es hoy una multinacional gigantesca donde la gente no se conoce. Una especie de monstruo bulboso al que las centrales sindicales acusan de paternalismo en sus relaciones con los trabajadores.

Esta empresa que jamás toma represalias contra los trabajadores participantes en las huelgas del textil, pionera del sindicalismo femenino y receptiva a la idea de crear un comité sindical europeo, resulta pionera y moderna en todo salvo en sus tácticas laborales ancladas en la vieja relación de confianza entre trabajadores y empresario con la que empezó el negocio de la familia.

Nadie sabe qué pasará en el futuro pero los economistas están convencidos de que, con a lo sumo dos o tres Inditex más, se acababa el paro de Galicia, una región cuya tasa de desempleo la engrosan mayoritariamente trabajadores del campo y del mar.

Los opinadores

Me tengo que dar prisa. Con el asunto del dossier había olvidado que he quedado con Nela para tomar café.

Cuando llego a su despacho me encuentro con que se ha marchado al juzgado.

—Ha dejado este sobre para ti, por si venías mientras estaba fuera —me dice Isabel.

—Tú ya habrás bajado a tomar café, ¿no? —pregunto sin demasiadas esperanzas.

Ella asiente compungida.

—Soy siempre de las primeras.

—¡Qué se le va a hacer! —digo iniciando la retirada.

De repente me acuerdo de que Nela mencionó la vinculación de Isabel con Zara cuando hablamos sobre cómo abordar a gente de la empresa.

Vuelvo sobre mis pasos, y aprovecho que el otro auxiliar se ha marchado de la oficina para preguntarle:

—Perdona, Isabel, pero estoy haciendo un trabajo sobre Zara y Nela me dijo que tú conocías a alguien de la empresa, ¿podrías ayudarme?

—Salí con un chico de Valencia ocho meses, un tipo estupendo, de eso hace ya un año. ¿Quieres hablar con él?

—Te lo agradecería en el alma, ¿en qué departamento trabaja?

—Es escaparatista.

—Ah, pues estupendo.

— Déjame que le llame yo primero, y luego te doy su teléfono. No me gusta dar los teléfonos de la gente sin prevenir antes.

—Lo comprendo. En mi caso no hay prisa, bueno, prisa sí hay, pero no de hoy para hoy, entendámonos, de todas formas, gracias Isabel.

Los ejecutivos y empleados de servicios centrales del Banco Pastor y del Banco Zaragozano han tomado al asalto O Miño. Como la mayoría se apila en la barra, hartos del constreñimiento de las mesas, encuentro sitio en una esquina donde sentarme, tomarme un café con leche y un pincho de tortilla, y leer el recorte de periódico que me ha reservado Nela. Oteo el panorama por si descubro a alguien conocido entre ese horizonte de cabezas, pero no hay suerte. Vagas caras familiares aunque remotamente, acaso de haber coincidido más de una vez en el mismo sitio.

Durante el mes pasado y parte de éste no he parado de entrevistar a gente para el trabajo de Zara. Se puede decir, sin que me aleje mucho de la verdad, que todo el mundo en esta ciudad tiene un conocido que ha trabajado o esté trabajando en la casa. Una simpática patronista me hizo la siguiente reflexión cuando charlábamos sobre la repercusión que la empresa tenía directamente en la economía de La Coruña:

—Piensa —dijo— en la cantidad de gente que viene a Inditex por negocios. Esa gente coge aviones, se aloja en hoteles, come, gasta. Y luego están nuestros ejecutivos con un poder adquisitivo alto. Sus mujeres compran en buenas boutiques, alquilan o compran casas. Indirectamente generan negocio a otras empresas. Si no existiera Inditex toda esa corriente económica desaparecería, porque ya no serían necesarios los viajes de negocio ni los ejecutivos elegirían para vivir esta ciudad. Hay familias enteras que viven de la empresa: el padre trabaja en los Servicios Centrales, el hijo en el almacén, la mujer en una fábrica, la hija en las oficinas o el caso bastante frecuente del matrimonio comercial-diseñadora.

De hecho, la importancia económica de Inditex es tal, que en el pleno de la Cámara de Comercio de La Coruña se aprobó la concesión a la empresa a título individual de un sello propio de visado para los permisos de exportación. Lo que no puede hacer un gigante de esta envergadura es esperar a que el funcionario de turno se levante de la cama para permitir a sus naves que zarpen.

Desde hace tiempo soy prácticamente monotemática. No pienso ni hago otra cosa que no esté relacionada con el universo Zara. Llevo en el bolso una pequeña libreta con la que podría hacer a posteriori un disparatado «así se hizo» —el *making of* de los cineastas— sobre la realización del libro. El caso es que estoy en el mercado, esperando mi turno en el puesto del pescado, y se me ocurre una pregunta interesante que debo apuntar de momento porque si no se me olvidará, por ejemplo: ¿cuánto cuesta abrir una tienda? O, ¿qué hacen con la ropa que no funciona? ¿Adónde va? Mi secreto sobre el libro es un secreto a voces. En cuanto alguien nuevo se entera de lo que me traigo entre manos, a la inicial cara de estupor se le suma inmediatamente una nueva de escepticismo. Lo más extraordinario del asunto es que todo el mundo parece tener una opinión al respecto.

Reflejo aquí, a modo de prueba documental, las opiniones más comunes y también las más estrambóticas de todos aquellos que se han permitido el lujo de opinar sobre mis hipotéticos resultados:

A: Es cierto que se sabe muy poco de Zara, pero ¿a quién puede interesar todo un libro hablando de una empresa? Para reportaje de dominical podría valer, ¡pero todo un libro!

B: ¿Acaso no he pensado en las denuncias que puede presentarme la empresa? ¿Cómo puedo fiarme de los testimonios de las personas del interior? ¿No es su visión parcial y manipulada? ¿Cómo puedo estar segura de que no me están contando mentira tras mentira?

C: Si no estoy pensando en un libro cotilla e indiscreto, ¿a quién diablos puede interesarle lo que cuente?

D: Y si tampoco estoy pensando en un libro de índole estrictamente económica, entonces, ¿tendré alguna remota posibilidad de atraer a un lector, partiendo de la premisa de que el libro se publique?

E: ¿Y si es verdad lo de la mafia y el narcotráfico y me liquidan por andar metiendo las narices?

F: Todo el mundo sabe cuán enrabiada está la familia Ortega con lo que publican periódicos y revistas sobre su negocio, de ahí que no quieran hablar con periodistas y que el sonido de esta palabra sea suficiente para enfurecerla: ¿es que no tiene derecho esa familia a vivir en paz sin que le atribuyan la cantidad de infamias y mentiras usuales, dada la mala baba periodística?

G: ¿Qué hay que contar de Zara, aparte de que vende ropa y tiene éxito?

H: Si el jefe no me recibe, ¿de alguna manera no falta algo en ese libro? A la gente lo que le atrae es él y su rostro desconocido. (*Por cierto que ya no es tan desconocido, últimamente Amancio se prodiga a cara descubierta.*)

I: ¿Existe el jefe? Ciertas personas albergan serias dudas al respecto, y consideran que su propia identidad está en entredicho. (*Para estos individuos sería preferible hablar de «El Fantasma de Zara».*)

J: En el mejor de los casos, escribir un libro sobre Zara servirá para causarme un buen número de problemas.

K: Cuanto más descubra acerca de la empresa, más consciente seré de todo cuanto ignoro y no voy a saber jamás. (*Punto de vista de un filósofo.*)

L: ¿Cómo me las voy a ingeniar para hablar de una persona que sólo conozco a través de terceros sin traicionar su imagen verdadera? (*Apostilla: Linneo dijo una vez que no era nada extraño que él no pudiera ver a Dios cuando ni siquiera podía ver al yo que vivía con él.*)

M: Me debería dar vergüenza revelar secretos de Estado a otros competidores para ponerlos sobre la pista. (*Punto de vista nacionalista.*)

Estoy tan ensimismada en mis pensamientos que cuando suena mi móvil con su desagradable pito reiterativo pienso que es el del vecino de mesa. ¿Cuántos móviles puede haber en estos momentos en O Miño reunidos?, ¿dieciséis, veinticinco? ¿Por qué todos vamos cargando con ese aparatejo invasor y metomeentodo?

—Diga.

—Soy yo. Me ha dicho Carolina que me has llamado.

—Y la muy gili no me ha querido dar tu nuevo número de móvil.

—No es culpa de ella, *pobriña*, le tengo prohibido que lo dé, ¿tú sabes la de pelmazos que entran en acción a través del móvil? Bueno, qué querías, supongo que me habrás llamado al trabajo por algo.

—Sí, para quedar.

—¿Cuándo?

—Pues cuando puedas, hoy, mañana, el fin de semana, no sé qué compromisos tienes.

—Entre semana es difícil, pero el viernes o el sábado me va bien. Podemos ir a cenar a cualquier parte.

—Pero nada de vegetarianos, Anita, a un sitio donde se coma filetón y cosas sustanciosas, estoy harta de alcachofas a la plancha y merluza hervida. Quiero colesterol, grasa, proteínas y sobre todo, tarta de postre.

Risita pánfila al otro lado de la línea.

—Eso es, ahora que todo el mundo evita la carne por las vacas locas, vas tú y adoptas las costumbres de Arias Cañete.

—Y mira qué sano y orondo está.

—Déjalo, no vamos a discutir. Entonces te encargas tú del sitio. ¿Viernes o sábado?

—Mejor viernes.

—Pues hasta el viernes, entonces.

—Adiós, trabajadora.

Abandono O Miño. Y en el trayecto al súper donde me tengo que aprovisionar de un *fondo de despensa* me cruzo con Cristina de la Colina, a quien conozco desde tiempo ha, bastante antes de que entrara a trabajar en una conocida empresa textil.

—Recibí tu fax —me dice nada más estamparme un par de besos.

—¿Y qué esperas a contestarme?

—Esta semana, descuida. No sabía que te hubieras metido en ese berenjenal, ¿cómo se te ha ocurrido una idea así?

—Porque soy muy lista —bromeo.

—Sí que lo eres, ¡me parece una idea estupenda! Además ese hombre es un genio, personalmente lo admiro una barbaridad. ¡Qué tipo más grande! Y es que le tenemos una envidia todos... Pero yo, no creas, me alegro de corazón de que alguien de aquí haya llegado tan lejos, no, no es nada fácil, pero ¡qué digo! —me coge la mano como si me fuera a escapar de un momento a otro de su garra—, es prácticamente imposible llegar donde él ha llegado si no se está tocado por la suerte.

¿Se le habrá aparecido en sueños el ángel Gustav Schdmit a Cristina? Si no, no se entiende una explicación tan atinada.

—Mira, hay gente trabajadora, como nosotros, por ponerte un ejemplo: vendemos mucho, tenemos un mercado interesante y estamos en crecimiento permanente sin tocar techo; ahora bien, conocemos nuestras limitaciones, estamos todos dentro de la misma tarta y hay que repartírsela o vender mejor que el otro para arrebatarle su pedazo. Este es un negocio de fieras, y todo vale, como en el amor y en la guerra. Y no estoy insinuando nada malo, no me malinterpretes, pero hoy en día no se puede ser una empresa como Inditex sin recurrir a ciertas prácticas que ellos y otros muchos, entre ellos, nosotros, para qué vamos a engañarnos, ponemos en ejercicio a diario. El capitalismo exige una visión despiadada del negocio.

Los empresarios, al igual que los periodistas, deben tener su libro de estilo con argumentos perfectamente elaborados para que cuando sea menester los de la profesión recurran a ellos.

—Todavía no he llegado a ese capítulo —objeto—, aunque ciertas cosas que he oído sobre Zara me perturban. La gente de la casa se queja de que se haya perdido la humanidad en aras de la productividad.

—Ya llegarás y te convencerás de que sin productividad no hay humanidad posible.

«¡Bravo, Cristina! —pienso para mis entretelas—, ahí has estado cañón.»

»... No nos engañemos: si Zara no produjera lo que produce, la gente de los talleres y cooperativas se moriría de hambre, las fábricas no necesitarían ni la mitad de personal, las empresas subcontratadas perderían sus contratos, y en cuanto a los clientes, dejarían de comprar en sus tiendas para ir a consumir a otro lado. No se trata de que Zara sea una empresa consumista, es que vivimos en una sociedad consumista y fagocitadora que no se para en detalles.

Cristina acaba su discurso y se queda tan pancha. A Dios gracias tiene que marcharse rápidamente. La esperan en el notario. Pues *arrivederci*, Séneca, y si te he visto no me acuerdo.

Después de otros dos besos de muñeca chochona, la triunfal ejecutiva desaparece de mi vista doblando la esquina de los jesuitas. La semana pasada envié decenas de faxes a diseñadores, proveedores y fabricantes de medio mundo para conocer su opinión sobre el fenómeno Zara. Cuento con que me contesten no más de un 5 por ciento, pero aun así sé que Cristina de la Colina no entrará en este cupo de agradables sorpresas.

UN DILEMA MORAL DE DIFÍCIL SOLUCIÓN

He pasado toda la tarde remoloneando, víctima de una desazón difícil de explicar. Cada vez que me siento frente al ordenador me entra el pánico. Estoy asustada porque tengo miedo a no contar la verdad. El poeta Antonio Machado defendía que no existe tu verdad o mi verdad, sino la verdad, y que el encuentro con ella se produce cuando hay voluntad común de búsqueda. Creo que tiene razón, pero tampoco es menos cierto lo que un conocido me dijo una vez: «Quien llega primero coloca la verdad, y a partir de ahí los que van llegando después encuentran que cada vez les va a resultar más difícil ser creídos». Asimismo, existe una versión mercantil de este postulado: «El que da primero da dos veces». Se han dicho tantas cosas falaces sobre esta familia, juzgada y condenada a priori por su creciente éxito económico, que lo que hoy parece oportuno es demostrar su inocencia en lugar de buscar pruebas sobre su presunta culpabilidad, algo verdaderamente atroz.

Mis dudas, no obstante, arrecian por otros derroteros que no son éstos. Por ejemplo, he estado elaborando un quién es quién —al estilo anglosajón— dentro de la familia y me encuentro con la dificultad de que apenas si puedo decir más de una línea sobre cada miembro del clan. Por supuesto he recopilado todo tipo de información acerca de estas personas por boca de amigos, novios de amigos, empleados fieles, empleados despechados, conocidos, competidores, menos amigos, gente que habla de oídas, etcétera; pero de todo esto no voy a trasladar nada al papel. Podría escribir, por ejemplo, que fulano es un empedernido mujeriego o que fulana se ha abandonado completamente y parece importarle muy poco la opinión del respetable sobre ella y su facha, pero no lo creo justo. ¿A quién le importa? ¿Qué derecho tengo yo a lanzar al espacio estelar esa clase de comentarios —no confundir con información— que, por otra parte, no pueden tener otra consideración sino de puro cotilleo maledicente? «Habla una antigua amiga de fulanita o el socio de menganito a quien zutano le hizo pasar las de Caín.» Declaraciones al detalle, pormenorizadas, con sorprendentes revelaciones: «Jamás hace la cama hasta el mediodía, deja a sus hijos de ocho y diez años solos para irse de jarana. Es un perfecto cernícalo, tiene un discreto picadero en el barrio de Salamanca adonde lleva a jovencitas chinas (es que prefiere las orientales). A sus cuarenta y seis años, la susodicha no sabe freír un huevo y no permite a la asistenta que se acueste hasta las doce de la noche». ¿Qué no se podría decir de cada uno de nosotros si probáramos esta táctica aleccionadora? Sigan mi consejo: huyan como diablos de quienes pisan el rabo de las vecinas encantadoras, los socios-amigos, las empleadas del hogar confidentes, los compañeros de trabajo incondicionales. ¡Ay, del que no me haga caso! El día menos pensado puede salir en los papeles, como aquella señora de *La media naranja* que declaró delante de unos cuantos millones de personas que lo más molesto de su marido eran los palominos en los calzoncillos.

Por otro lado me hago la siguiente reflexión: si yo contara todo lo que sé producto de mis investigaciones y entrevistas, ¿estaría contando la verdad? ¿Sería ésta, fuera de toda duda, la verdad? ¿En parte quizás? ¿Resultaría más creíble lo que ellos tuvieran que contar acerca de sí mismos? Como estoy filosófica propongo más incógnitas: ¿sabemos acerca de nosotros mismos más de lo que los demás presumen de conocer de lo mismo, es decir, de nosotros? Ante la imposibilidad de contestar a las dudas planteadas, opto por eliminar de este trabajo hercúleo la falta de pretensiones. Mis pocas pretensiones, aunque no me eximan de la búsqueda de la verdad, me permiten hacer el camino más a gusto y relajada; ¡y que sea lo que Dios quiera!

Quién es quién en la familia Ortega

Antonio Ortega Gaona

Era el mayor de los hermanos Ortega. Falleció en La Coruña en 1987, a los cincuenta y nueve años. Entró a trabajar en la mercería La Maja con diecinueve años. A decir de sus socios, empleados y amigos, Antonio Ortega era un hombre apacible, con grandes cualidades humanas, observador y educado. Supo establecer los contactos oportunos en el mundo empresarial y cultivó las relaciones sociales. De los tres hermanos integrados en el proyecto Zara, los entrevistados coinciden en señalar, unánimemente, que era el de talante más humano pese a no tener el arranque y las dotes de convicción de Amancio o el espíritu austero y organizador de Pepita.

Primitiva Renedo Oliveros

Nació en Valladolid. Desde muy joven centró el negocio en su taller de costura. Se casó con Antonio Ortega. Actualmente, junto con su hija Loly, posee en comunidad de bienes el legado empresarial de su marido en Inditex.

María Dolores Ortega Renedo

Ronda los cuarenta y dos años. Está casada con Juan Carlos Rodríguez Cebrián y tiene dos hijos. Trabaja en los Servicios Centrales de Inditex desde hace ya algunos años y no suscita ninguna animadversión en la empresa, donde, por el contrario, está considerada una más. Su situación en el organigrama económico del accionariado de Inditex es la de cuarta accionista, por detrás de Amancio Ortega, Rosalía Mera y su prima Sandra Ortega Mera, aunque por delante de su tía carnal Josefa Ortega Gaona. Ni Loly Ortega ni su madre ocupan puestos en el Consejo de Administración donde sí están Amancio y Rosalía.

Juan Carlos Rodríguez Cebrián

El marido de Loly Ortega, hoy por hoy, es el miembro de la familia con más peso político en la empresa. Es el ojo derecho de Amancio y, por talante, un empresario nato. Ocupa el cargo de director general de Servicios Generales y es vocal del Consejo de Administración de Inditex, asimismo forma parte de la Comisión Ejecutiva, donde no figuran ni su mujer ni su suegra. Parece poseer el don de la ubicuidad al estar en todas partes a la vez. Para la gente de la casa, Juan Carlos Cebrián es el perfecto tiburón de los negocios: frío, calculador y poco dado a sensiblerías. Tiene un barco, y en sus pocos ratos libres sale a navegar con sus amigos de toda la vida, a quienes no ha dado la espalda pese a haberse convertido en cuestión de años en un hombre muy rico. Hace algunos años compró un chalet para el veraneo, vecino al de su tío político y jefe, Amancio, en la localidad pontevedresa de Sanxenxo.

PILAR ORTEGA GAONA

La hermana menos conocida del clan falleció hace ya una década. Vivió en Sudamérica, ajena a los entresijos de la empresa. Se casó y tuvo una hija que actualmente vive en La Coruña. La boda de ésta se celebró en el Pazo de Anceis por deseo expreso de Amancio Ortega.

JOSEFA ORTEGA GAONA

Segunda hija de Amancio y Josefa. Nació el 19 de agosto de 1934 en Busdongo de Arbás (León). Se casó con el coruñés Miguel Jove y tiene dos hijos: María José y Miguel. Estudió en la Escuela de Comercio de La Coruña y actualmente trabaja en los Servicios Centrales de Inditex y se ocupa de la gestión del departamento de Viajes. Pepita, como se la conoce familiarmente, entró después que sus hermanos Antonio y Amancio en La Maja, aunque nunca trabajó en la tienda, sino en el almacén que acababan de abrir los propietarios del negocio en la plaza de Santa Catalina. Es vocal del nuevo Consejo de Administración y forma parte de la Comisión Ejecutiva Permanente. Preside numerosas sociedades del grupo.

Miguel Jove González

Marido de Pepita Ortega. Trabaja en el departamento de Laboral de Inditex.

María José Jove Ortega

Primogénita del matrimonio Jove Ortega. Coruñesa de nacimiento, ronda los treinta y siete años. Casada con José Manuel Romay, hijo del ex ministro de Sanidad y presidente del Partido Popular coruñés, José Manuel Romay Beccaría. Tiene dos hijos y trabaja como profesora en un instituto de Mugardos. Se desplaza todos los días desde La Coruña para dar sus clases.

José Manuel Romay

Casado con María José Jove. Trabaja en los Servicios Centrales de Inditex.

Miguel Jove Ortega

Segundo hijo de Miguel y Pepita. Coruñés de nacimiento. Trabaja de comercial en Inditex, en el departamento de Prenda exterior y Prenda acabada. Está muy considerado en el trabajo por su buen carácter y profesionalidad.

AMANCIO ORTEGA GAONA

Presidente de Inditex. Con trece años entró a trabajar en La Maja. Se fue del negocio cuando había cumplido los veintiuno. Su primer piso, sito en el paseo de Ronda de La Coruña, le costó 150.000 pesetas. Se casó con Rosalía Mera Goyenechea de quien tiene dos hijos: Sandra y Marcos. Tras veinticinco años de matrimonio rehizo su vida sentimental con Flora Pérez, de quien tiene una hija: Marta, de quince años. Ha creado la Fundación Amancio Ortega, que en el futuro regirá el destino de la empresa evitando los problemas de disensiones habituales en las compañías de accionariado familiar. Asimismo Inditex está preparando su salida a bolsa. Amancio es un hombre de gustos sencillos, bastante despistado, tímido y enemigo declarado de la vida social. Mide alrededor de un metro setenta. Ha perdido pelo, pero el que le queda lo lleva recortado aunque hay temporadas en que se lo deja crecer. La única fotografía de su rostro que circulaba libremente data de los años setenta y la publicó *El País Semanal* como parte del reportaje del periodista gallego Manuel Rivas. Sin embargo, la primera memoria de Inditex, publicada en el mes de octubre de 1999, en la séptima página, acaba con la leyenda legendaria del anonimato de Amancio Ortega. En la fotografía un hombre ataviado con americana oscura, camisa azul claro y rostro serio, mira con mueca escéptica a la cámara como tratando de decir: «Esto es todo, amigos periodistas, se acabó vuestro chollo, veremos ahora con que os la ingeniáis para buscarme calificativos».

Amancio viste siempre de la misma manera: camisa oxford azul, zapatos castellanos y pantalones grises o marrones. Es un entendido del mundo de la moda femenina y su olfato para detectar novedades es la envidia de media humanidad. Vive en un dúplex, un octavo (en realidad dos pisos que han sido unidos), en un complejo residencial del barrio de Zalaeta, frente a la playa del Orzán de La Coruña, un barrio de clase media. La empresa que construyó su casa, Álvarez Conchado, estaba participada hasta hace poco también por ellos en un 30 por ciento. Al barrio lo llaman jocosamente Zaraeta, debido al extenso número de ejecutivos y empleados de la casa que vive en él. Anteriormente vivió en la plaza de Orense, en los números 7-8. En el término municipal de Cambre (a 12 kilómetros de La Coruña) posee el linajudo pazo de Anceis, considerado uno de los más bellos de Galicia. Está situado en la carretera de Santiago de Compostela a La Coruña a la altura del lugar de Altamira. Data de fines del siglo XVII. En la fachada lucen los escaques y roeles de los Bermúdez de Castro, el brazo empuñando un estandarte de los Villardefrancos y el castillo envuelto en zarzas de los Riobóo. Si quisiera, Amancio Ortega, podría añadir con la mayor de las justicias a esta cantería de piedra la «Zeta», marca del zorro y de Zara. De momento, la fachada sigue teniendo el mismo aspecto que hace doscientos años. Como todo pazo que se precie, el de Anceis tiene una pequeña capilla y un esbelto surtidor de piedra, al estilo de los portugueses, con cuatro caras mofletudas de cuyas bocas salen caños de agua. La huerta del pazo alimenta a la familia todo el año. Los gustos culinarios de Amancio son muy sencillos, pero su cocinera sabe que es exigente con la materia prima. A Amancio le gusta comer las verduras de Anceis y los huevos que dan sus gallinas, pero aunque va a menudo, nunca pernocta en la finca. Entre sus sueños futuros figura la idea de trasladarse a vivir a este hermoso palacete barroco. Posee una buena colección de arte (no puede compararse en importancia a la de otras familias españolas), sin embargo su gusto más conocido deriva hacia los automóviles. Inditex posee en propiedad Arrojo, empresa comprada a la familia de los herederos de José María

Arrojo Aldegunde, Motorgal y Motor & Power, de las que está dispuesto a deshacerse ya. Su viejo porsche de color dorado resultó toda una excentricidad para alguien tan austero. Se cuenta la anécdota de que llegó a reventar el motor de un coche por el uso. La actual pasión de Amancio, compartida por su hija Marta y también por la primogénita, Sandra, son los caballos. Por lo pronto, la benjamina ya dispone de un camión Mercedes perfectamente equipado para trasladarla a las competiciones de Francia, donde pasa los veranos entrenándose. El interés de Amancio por la hípica le llevó en su día a comprar unos extensos terrenos en el municipio de Laracha, en la finca de Corzo, antigua factoría lechera. Su sueño ya está cumplido: el 15 de diciembre de 2000, en un acto nada protocolario que contó con la presencia de fotógrafos y de las primeras autoridades de Galicia, inauguró el Centro Hípico Casas Novas.

La rutina diaria de Amancio Ortega pasa por un desayuno en el Club Financiero de La Coruña con los amigos de siempre, donde no figuran políticos ni tampoco empresarios del sector textil, unas patadas al balón para mantenerse en forma y la reclusión final en Sabón, siempre que no esté de viaje. El día a día no lo cambia ni siquiera la visita de un futuro presidente de Gobierno. Cuando José María Aznar visitó Galicia en 1996 le hizo los honores el vicepresidente de la compañía, José María Castellanos, por encontrarse Amancio de viaje.

Si el presidente de Inditex falleciera repentinamente el asunto de su sucesión no plantearía problema alguno. En una reunión con los empleados con motivo del anuncio de la creación de la Fundación Amancio Ortega, dijo públicamente que aunque adoraba a sus hijos, y por lo mismo había previsto que sus necesidades económicas estuvieran siempre cubiertas, no les iba a dejar la empresa. Esta declaración disipó los rumores acerca de su sucesión.

Rosalía Mera Goyenechea

Rosalía Mera Goyenechea nació en La Coruña en el seno de una familia obrera del barrio del Matadero. Su trayectoria en Inditex resulta peculiar. Conoció al que iba a ser su marido en el trabajo. Se casaron en La Coruña. Ambos abrieron un taller de confección de lencería en la calle Noya junto a sus cuñados. Tras el nacimiento de su hijo Marcos, Rosalía se retiró de la participación directa en el negocio. Desde 1986, año de su creación, preside la Fundación Paideia, un proyecto personal que ha sacado adelante rodeándose de un buen equipo de colaboradores y gestores. En la primera memoria de la fundación, Rosalía Mera dice textualmente: «La tarea de fijar el origen (de la Fundación) no es fácil, pero podría apuntarse a la convicción, solidaridad, responsabilidad o simple redistribución para con los otros, además de la obligación, como individuo social, de contribuir con parte de lo obtenido a través de la sociedad y de la cultura, al desarrollo y potenciación de la misma. En esta intención algo de orden moral o ético empuja y sostiene este proyecto o realización humana; es ésta la especifidad o particularidad del mismo... Debo mencionar también al grupo Inditex, soporte importante de la Fundación Paideia, que supo oír y valorar la dimensión de la idea propuesta e impulsar la realización de la misma, tanto desde el apoyo personal, como desde el técnico y económico».

Como Rosalía públicamente ha confesado a través de los medios de comunicación, hay en ella un antes y un después de Paideia, y la razón de que este proyecto exista lo atribuye a una necesidad vital que estaba dentro de sí desde muy pequeña y que afloró en su contacto con la enfermedad. La impotencia y la decepción, al no poder encontrar respuestas ni soluciones, la llevaron a crear esta institución. Rosalía Mera se define como una persona con más proyectos que ilusiones, idealista, deudora de los valores de justicia, igualdad y solidaridad, y sobre todo, militante del compromiso social. Para ella la suerte no existe. A su juicio, el ser humano está obligado a tomar decisiones desde que nace, y cada una de esas acciones donde se pone en práctica la capacidad de hacer o no hacer, ella la interpreta como una dimensión de juego y responsabilidad personal. Físicamente es una mujer de singular atractivo. Mediana de estatura, lleva el pelo corto y es informal en su forma de vestir.

Sandra Ortega Mera

Primogénita del matrimonio Ortega Mera. Madre de un niño de poco más de dos años. Casada con Pablo Gómez. Es la principal accionista de Inditex, después de su padre. Aunque no trabaja en la casa, hasta la reciente reorganización del Consejo de Administración era vocal tanto de éste como de la Comisión Permanente.

Pablo Gómez

Marido de Sandra Ortega Mera. Trabaja de comercial en Inditex.

Marcos Ortega Mera

Segundo hijo de Amancio y Rosalía. Sufre una discapacidad congénita que le mantiene apartado de toda actividad en la empresa.

Flora Pérez Marcote

Segunda mujer de Amancio Ortega. Trabaja en Bershka, la nueva «niña mimada» del emporio Inditex, una red de tiendas para adolescentes que quieren ir a la última sin atracar el bolsillo de sus progenitores. Su hermano Jorge es director de Massimo Dutti.

Marta Ortega Pérez

Hija de Amancio y Flora. Vive con sus padres y estudia en el Colegio de los Jesuitas de La Coruña. Su gran afición son los caballos. Antes solía ocuparse de ella y acompañarla en sus desplazamientos una institutriz inglesa.

A) Consejos de Anita sobre la voz narrativa
B) Entrada en escena del confidente secreto

A

Un trabajo como éste difícilmente puede prosperar si no se dispone de un confidente secreto que esté dispuesto a acompañar a Dante en su descenso a los infiernos. Mi Virgilio digamos que es una presencia omnisciente y sabia. Habla de primera mano y nunca dice eso de: «Lo sé de buena tinta». Cuando abre la boca es porque está seguro de lo que dice. «Lo mejor que puedes hacer —me dijo durante nuestro primer encuentro— es abstenerte de opinar, tú deja que el lector saque sus propias conclusiones, no trates de manipularlo forzándolo a que vea las cosas como tú las ves. Tienes que ser como un lazarillo diligente, desbrozando el camino de obstáculos para que el paseo del lector sea lo más cómodo y desahogado posible.»

He seguido sus consejos al pie de la letra, así que en las próximas páginas me propongo contar cómo es ese monstruo de Inditex cuando se le despanzurra y se le desmonta pieza por pieza, como si se tratara de un mecano. Pero antes de entrar en materia debo detenerme unos segundos para *reportar* —que dicen allende los mares— mi cena con Anita.

En efecto, Ana, o Anita para todo el mundo, es una rareza en el mundo del libro. Trabaja en Fenosa y es ingeniero (¿se puede decir ingeniera?, habrá que consultar el diccionario de dudas). Un buen día se tropezó con un tema apasionante y se decidió a escribir. El resultado de cinco años de investigaciones, viajes y entrevistas fue un libro precioso cuyo título me guardo de revelar para no delatarla; ella es otro Amancio celoso de su privacidad. Se lo publicó Planeta y ha tenido una calurosa acogida a pesar de ser una autora completamente desconocida en la farándula del libro.

Un viernes, no ha mucho tiempo, Anita y yo fuimos a cenar a El Manantial, en la ciudad vieja, las dos solas. Por supuesto en el pequeño restaurante estaba Mariquilla y toda la villa. Cuando un sitio se pone de moda, la gente se pega tortas por lucir palmito, y nosotras en modo alguno resultamos la excepción. Pese al gran número de conocidos con que nos tropezamos aquella noche, conseguimos crear el clima de intimidad necesario para hablar de un tema tan grave y trascendente como la voz narrativa.

—Así que estás ya metida en faena —observó Anita mientras daba su último repaso a la carta.

Debió de interpretar mi silencio como un asentimiento, pues enseguida añadió:

—Detente el tiempo que haga falta en meditar cómo lo vas a contar, en el punto de vista está el 90 por ciento del éxito de un libro, y no exagero. Cuando yo escribí el mío, esta cuestión se convirtió en un auténtico quebradero de cabeza, y hasta mantuve un duelo a vida o muerte con la editorial. ¿Sabes por qué fracasan tantos y tienen éxito otros tantos?

—No tengo la menor idea, ¿tú sí?

Anita dejó la carta sobre la mesa y sonrió maquiavélica.

—Desde luego que no. Si lo supiera yo o lo supieran las editoriales te aseguro que habría muchos más ricos y también muchos menos pobres. Me refería a otro asunto.

—¿A qué otro asunto?

—A por qué calan determinados libros y otros no.

—Explícate.

—Me explico, sí. Cuando coges un libro y lees la primera página te estás creando unas expectativas. El título mismo, la elección de narrador, el tipo de vocabulario ya te dicen cosas muy importantes sobre él. Enseguida te formas un juicio. En este conjunto de arbitrariedades, el punto de vista resulta muy revelador porque te permite clasificar la obra y formarte una primera opinón. Los lectores cuando quieren elogiar un libro que le ha gustado dicen: «Me enganchó desde el principio». Y en eso consiste la mayor parte del éxito y del fracaso de los libros: en que consigan retenerte por sí mismos o, por el contrario, en que te pidan un esfuerzo añadido de perseverancia.

—Según tu opinión: ¿qué buscaría un hipotético lector en mi libro?

—Lo primero, una historia bien contada; lo segundo, amenidad; lo tercero, que no inventes; recuerda que debes estar más cerca del documental y el reportaje que de la ficción, y luego lo que tú quieras añadir.

—Así dicho parece facilísimo.

—Por eso mismo no lo es. Trabaja como una negra, y lo demás vendrá añadido. En la escritura tampoco hay grandes secretos. Como sostienen los clásicos: el reto de todo escritor es tener algo que escribir y escribirlo lo mejor posible, que no es poca cosa, vaya.

—¿Y qué me aconsejas?

—Yo que tú me olvidaba de la tercera persona, creo que en este caso no funcionaría.

—Ya lo sé. Ninguno de mis entrevistados permite ser identificado, eso me trae por la calle de la amargura. ¿Cómo se puede hacer un trabajo periodístico sin fuentes ni referentes a los que poder remitirse? Todos me han dejado muy claro que si uso sus nombres negarán delante de un abogado que ellos han dicho tal cosa.

—La elección es bien sencilla: o te inclinas por la primera persona del singular o por la primera del plural y entonces tu protagonista es un protagonista múltiple.

—¿Como quién?

La llegada de las ensaladas templadas de vieiras interrumpió nuestra conversación unos instantes. El tenedor de Anita se lanzó ávido sobre su plato.

—No sé, tendrás que pensar sobre el asunto, pero necesitas un confidente secreto que pueda saberlo y verlo todo y que explique por qué sabes tanto y puedes contárselo a los lectores.

Anita tenía razón, y cuando di con él comprendí que había hallado una joya. Y si bien los problemas no habían terminado, porque los problemas son como el milagro bíblico del pan y los peces, al menos se me abría una puerta a la claridad.

B

En esta ocasión el escenario de nuestro encuentro es un restaurante de Zalaeta llamado Baiuca. El día anterior en nuestra misma mesa había estado cenando Pepita Ortega con unos amigos. Mi confidente secreto apura su café cortado mientras observa cómo un experto cortador de jamones rebana la pata de cerdo ibérico y da tajos sabios que coloca artísticamente en una fuente de porcelana portuguesa. A veces el confidente secreto tiene apariencia masculina, pero otras la tiene femenina. Su sexo es un enigma. Casi nunca nos vemos en restaurantes, ésta es una excepción. Normalmente nos encontramos en cafeterías, despachos, salas de estar privadas, jardines e incluso una vez quedamos citados en la estatua de María Pita, junto a la llama incólume de la heroína. Su edad también fluctúa según los días. Unas veces parece joven, a punto de estrenarse en este gran espectáculo social del *vernisage*, pero otras lo veo cascado, preso de un cansancio vital del que es difícil desembarazarse. Mi confidente secreto cambia de nombre, de nacionalidad, de sexo y religión cuantas veces le viene en gana. Es un personaje camaleónico con el que disfruto trabajando porque de una vez para la siguiente muda de disfraz y me sorprende con una nueva identidad. Un día resulta discreto y lacónico, al siguiente no sólo es descarado, sino que suelta la lengua y larga informaciones sustanciosas. Es un caja de sorpresas. Gracias a él he podido mariposear como Pedro por su casa en este gran secreto secretísimo que es Zara.

Presentando a Zara

Zara nació en La Coruña el 15 de mayo de 1975. Ha tardado diez años en ser cosmopolita y veinticinco en hablar once idiomas.

Sus señas de identidad son locales de 1.000 a 2.000 metros concebidos como espacios limpios de obstáculos, severos en cuanto a distracciones de lo que no sea la compra de artículos de la tienda y transformados de los pies a la cabeza más o menos cada cinco años. Para abrir se necesita al menos una localidad de más de 100.000 habitantes y un local bien situado, ya sea en el centro de la ciudad o en un centro comercial con suficiente atractivo para los clientes. No todas cuentan con las tres secciones posibles de la cadena: señora, caballero y niño. Dependiendo del espacio del local y de las valoraciones del equipo directivo, se hacen las combinaciones pertinentes: el récord de tiendas en una sola ciudad lo tiene Madrid con 26 locales, le sigue París y su área metropolitana con 25. Por lo general, la empresa invierte en la compra de sus locales, pero también los alquila. De la búsqueda, adquisición y adecuación de éstos se encarga la División Inmobiliaria de Inditex.

Zara está presente en 29 países y 3 continentes. Por orden de número de tiendas encabeza la lista España con 220 puntos de venta; le sigue Francia con 63; Portugal, 32; México, 23; Grecia, 15; Bélgica, 12; Israel, 9; Argentina, 8; Alemania, 7; EE.UU., 7; Reino Unido, 7; Japón, 6; Brasil, 5; Arabia Saudí, 5; Venezuela, 4; Turquía, 4; Austria, 3; Canadá, 3; Polonia, 2; y Chipre, Chile, Kuwait, Líbano, Uruguay y Emiratos Árabes Unidos, 2; mientras Qatar, Bahreim y Dinamarca y Andorra, tienen 1. Eso hace un total de 450 tiendas.

Un equipo de la casa, especializado en diseño e interiorismo y dirigido por Jordi Bernardó, se encarga de unificar la apariencia de las tiendas de los tres continentes e imprimirles un estilo moderno y funcional acorde con los tiempos actuales. Se diseña todo: desde los escaparates hasta los mostradores, las vitrinas, los percheros, los estantes para la ropa, el suelo, la iluminación, los probadores, los muebles expositores, las persianas de cierre... Hasta el detalle más insignificante es analizado concienzudamente y tenido en cuenta: movilidad y comodidad del cliente, coordinación de la ropa, altura de los estantes, tamaño de los probadores, temperatura ideal, olores...

Empresas subcontratadas reciben de Inditex el encargo de realizar los trabajos según sus previsiones. El resultado final, por fuerza, debe reflejar en conjunto el concepto Zara. Este concepto se apoya en cuatro claves: producto, presentación, proceso y personas. No admite entretenimientos innecesarios con la decoración ni tampoco permite que una determinada clase social se identifique en exclusiva con lo que allí se vende: en la tienda democrática todo el mundo tiene cabida, sin exclusiones. El propósito de partida es que los clientes se sientan a gusto en el establecimiento y pasen el mayor rato posible en él. Y para este cliente anónimo, cuyo perfil conocen hasta las últimas consecuencias los expertos en marketing de Inditex, se diseña este espacio bien distribuido donde cualquier prenda se puede coger, tocar o descolocar, algo que la clientela no duda en hacer aunque sólo le mueva la curiosidad y no esté en su ánimo comprar.

La media de empleados oscila según el tamaño de la tienda: entre 10 en las más pequeñas hasta casi 50 en las mayores. La encargada o el encargado son los máximos responsables del negocio y sobre ellos recae el peso de gestión. A todos los efectos cada tienda es una empresa con sus respectivos costes imputables. Si el encargado cumple bien su cometido, su cuenta de resultados final lo reflejará, mientras que si lo hace mal será porque no ha sabido entender a su clientela o no ha prestado atención suficiente a todo un conjunto de detalles. Para optimizar el rendimiento del negocio el encargado o jefe de tienda cuenta con un equipo formado por un segundo de a bordo, que le sustituye en su ausencia, y varios encargados de sección. Entre las responsabilidades del jefe de tienda se halla la de dirigir el recuento mensual de la mercancía, obligado para conocer el estado de mermas por hurtos. En tiempo de rebajas, el recuento se hace semanalmente y abarca al ciento por ciento de la mercancía.

El compañero inseparable de un jefe de tienda es un artilugio llamado *Newton* (un microordenador al que también se conoce por *el 400*) dotado de un lápiz electrónico que sirve para hacer los pedidos y conocer la situación al día de las existencias.

Dos días a la semana toca reparto de mercancía. El proceso es muy simple: los repartidores de los camiones descargan y los empleados de las tiendas organizan lo nuevo y devuelven al almacén lo que a juicio del encargado no gusta o no se vende bien. Actualmente el reparto se organiza en dos tandas: martes y viernes se factura a unos países, y miércoles y sábados a otros. Los sábados los encargados tramitan los *pedidos especiales*, un proceso de búsqueda bastante curioso que cruza peticiones de unas tiendas con otras.

A principio de temporada llega mercancía no solicitada para ver cómo funciona en tienda. A partir de esta avanzadilla, indispensable para que los percheros y expositores no estén vacíos, los repartos se hacen normalmente sobre pedido. En la jerga de Zarápolis *la oferta* es el anuncio que desde el almacén se hace a las tiendas ofreciendo artículos nuevos que se pueden solicitar y que no van a ser enviados a menos que se formule la petición. Sobre los encargados recae la responsabilidad de elegir la mercancía, y esta atribución personal es la que da pie al extendido rumor de que en cada Zara se vende ropa distinta, lo cual es cierto tan sólo en parte.

Gracias a los programas informáticos desarrollados por Inditex, basados en la filosofía comercial *just in time*, es posible saber en cada momento qué se está vendiendo y qué hace falta reponer. Esta valiosa información sirve tanto a las tiendas como a los Servicios Centrales. Asimismo, al final del día, resulta posible comparar las ventas efectuadas ese día y relacionarlas con las de años anteriores. Como curiosidad hay que anotar que un 60 por ciento de lo que fabrica Zara se hace en España, mientras que el 90 por ciento del producto vendido procede en su totalidad de Europa.

Una vez en marcha la temporada y repartido lo fabricado comienza el *reprise* o segundo turno de producción. El *reprise* consiste en fabricar sobre la marcha prendas que gozan de gran aceptación entre la clientela, bien por contar con una calurosa acogida en la calle o por las demandas que se recogen. Si las revistas de moda escriben sobre las excelencias de los anoraks reversibles que a los avezados diseñadores —*fashion designer* les gusta llamarse a ellos— se les ha pasado por alto incluir en la colección, el *reprise* lo toma en cuenta y coloca en un plazo de vértigo estas prendas estrella que casi ninguna empresa se puede permitir el lujo de incorporar a sus colecciones. En cada campaña Zara presenta más de 10.000 modelos diferentes sólo en lo que se refiere a moda femenina. No se puede hablar propiamente de cuatro colecciones: primavera, verano, otoño e invierno o de dos campañas. Esos términos en la jerga Zara están obsoletos.

La mercancía se renueva dos veces a la semana. Un 40 por ciento del producto está rotando continuamente. Siempre hay algo nuevo, y el cliente corre el riesgo de que de una semana para otra haya desaparecido una prenda a la que ha echado el ojo.

En la tienda, la mercancía se coloca según las tendencias —lo que proporciona una información añadida al cliente en cuanto a estilo, tipo de tejidos y precio de la prenda— y por gamas de colores. Los colocadores se guían por fotografías tomadas en la Zara piloto ubicada en los Servicios Centrales de Inditex en el polígono de Sabón, la tienda 451 del grupo, con la particularidad de que no vende, sólo existe como escaparate y laboratorio de ensayo.

Dentro de la propia Zara también hay tendencias que tienen el cometido de informar al cliente sobre qué tipo de prenda tiene entre las manos.

El stock de una tienda nunca se mide en mercancía sino en dinero, y cada establecimiento tiene sus límites marcados por los ejecutivos de gestión. En Zara no se permiten los stocks millonarios. Más de 50 millones en ropa resulta desaconsejable y los encargados que superan esta cifra necesitan devolver producto antes de volver a recibir. Existen excepciones, claro está, como la de los encargados cuya trayectoria en la casa avala un alto índice de fiabilidad. A éstos se les permiten alegrías que otros jamás soñarían.

Las caras de Zara han sido sucesivamente protagonistas también de las campañas de otras casas de moda como las italianas Armani, Prada o Dolce & Gabbana. En escaparates, *displays* y catálogos hemos visto los rostros de Giselle, Carolyn Murphy, Bridget Hall, Noot, Amber Valletta, y también el de algunos de nuestras modelos más internacionales como Verónica Blume, Gurus o Laura Sánchez, ubicadas en escenarios cosmopolitas y urbanos.

Lo que esconde un calentador de aguas borboteante

Mi inestimable calentador de aguas alemán acaba de anunciar con su borboteo alegre que el agua para el té está en su punto. Habrá que volver al trabajo, me digo resignada.

Me lo pasaba mejor antes, cuando sólo podía hablar de vaguedades porque no existía nada, aparte de una confianza ciega en mis capacidades para hincarle el diente a tan fantástica idea. Salvando las distancias de popularidad —y de dinero de bolsillo—, me parezco a la obstinada Ophra Winfrey. Al parecer todos sus amigos le decían que por ser negra y obesa jamás iba a encontrar un trabajo en condiciones. A ella tales comentarios le resbalaron. A mí también. Cada pregunta cuya respuesta desconocía me hacía botar de felicidad. «¡Qué poco sé y cuánto voy a saber cuando acabe!», me felicitaba gozosa.

¡Infeliz de mí!

Buena parte de la satisfacción obtenida —debo ser honesta repartiendo merecimientos— me la ha proporcionado la artimaña del secreto. Basta que pidas discreción para que el artefacto-oreja se dispare como el radar de la NASA. Notas en el interlocutor un sutil cambio de actitud. Instantes antes su atención estaba en otra parte, lejos de ti, repartida en varios frentes, sin embargo, ahora ha regresado de la excursión a velocidad de Concorde y se concentra en lo siguiente que va a escuchar: es todo orejas.

Había que ver la cara de interés que ponían algunos oyentes conforme les proporcionaba detalles añadidos de Zarápolis.

No, no es que antes ignorase lo que voy a decir a renglón seguido, es cosa sabida, sí, pero la experiencia me da argumentos para afirmar que todo español con independencia de raza, sexo, creencia y religión «siempre tiene opinión». De cualquier cosa, me refiero, no hace falta que entienda del asunto que se debate y suscita la opinión. Hasta el momento, salvo que, cosa harto improbable, otra nación a traición nos haya arrebatado nuestro récord, encabezamos la clasificación por número de opinadores (y el que más miente cuando le encuestan, esto es importante señalarlo). Zara no iba a ser la excepción que confirma la regla, también los españoles consultados tienen de Zara un elenco de opiniones extremadamente variopinto. Empecemos por el tema del narcotráfico puesto que es el rumor más extendido: ¿Cómo es posible que vendiendo bragas y camisones se forre alguien? ¿Eso quién se lo cree? La opinión del *experto medio* da por sentada la existencia de un seguro trapicheo, llámese polvo de talco, caballo, billete de lotería, titanio, wolframio o *convoluto*, una palabra preciosa que puso de moda en España el señor Guido Bruner. Otro grupo de *expertos con conocimiento de causa* atribuye el espectacular desarrollo de la empresa al trabajo de los esclavos. Algunos españoles consultados saben de buena tinta que la empresa empezó su quehacer en la bodega de un barco negrero cargado de mujeres y niños del Surinam o de otro rincón remoto de la naranja planetaria. Un semanario francés va más lejos aún y en su rumorología incluye la existencia de un barco totalmente equipado con una sofisticada maquinaria que en aguas internacionales, para escamotear impuestos, se entiende, transporta a mujeres —esta vez pueden ser de cualquier parte del mundo, también españolas— cuya obligación consiste en coser las veinticuatro horas del día sin parar, como pequeños robotitos. Los vecinos galos han oído campanas y se quedan con el eco repiqueteante de los esquilones. En el mundo capitalista las diferencias siempre son mínimas y nunca lo suficientemente relevantes como para resaltarlas. Todo el que hace dinero es un explotador, no potencial explotador sino explotador a secas y, por lo mismo, sospechoso de robar al semejante. El axioma es bien sencillo: no se puede hacer una fortuna y ser honrado. Ambos términos, dinero y honradez, se repelen como el agua y el aceite o el mercurio y el azufre. Conclusión: Amancio Ortega puede ser buen empresario, pero de honrado, *rien de rien*, que dicen nuestros vecinos. En el recuento de truculencias imputadas no se puede olvidar la mención a la *secta* o *seta*, como secretean los gallegos por esa flojera con que pronuncian las ces intervocálicas haciendo que un director sea un *diretor* o un doctor un *dotor*. Los testigos de Jehová, claman estas voces, han tomado por asalto la empresa y se reproducen como esporas. Dentro de muy poco, afirman, Inditex será el bastión de los testigos como los mormones tienen Salt Lake City o los musulmanes La Meca y además, se lamentan, los testigos han conseguido auparse a los mejores puestos laborales en virtud de una discriminación positiva, para ellos, claro. Eso sí, Inditex tiene la peculiaridad de ser la empresa española con mayor índice de testigos de Jehová en su plantilla (yo no entiendo que esto le importe a nadie, pero, en fin, como curiosidad aporto el dato). Y si la xenofobia religiosa funciona de un modo apabullante, todavía más sonoridad cobran las opiniones globalizadoras sobre la sexualidad de los ciudadanos de Zarápolis. Los *expertos* en la materia aseguran que va siendo difícil encontrar heterosexuales entre los contratados. Y aunque todavía nadie se ha atrevido a destapar a zaritos en los medios de comunicación o a elaborar una lista gay, paciencia, porque todo se andará. Sexo, drogas y *rock and roll.*

Oigo lejana la vocecita de Pepito Grillo repitiendo como un disco rayado: «Orden y concierto, las personas organizadas tardan menos en hacer lo mismo que las desordenadas. Organízate y jerarquiza la información: todo no lo vas a poder contar». Esta sabia perogrullada de grillo encierra una contradicción filosófica: si todo no lo voy a poder contar, entonces, en este caso, la parte no tiene por qué ser representativa del todo, de ahí que exista la posibilidad de estar continuamente haciendo florituras por la pista de hielo como un patinador acostumbrado a ídem.

Un lobby importante

Harta de filosofar conmigo misma y con mi calentador de aguas alemán, he telefoneado a Tadeo a su casa para ver si podía hacerme un hueco esta misma tarde. Pensaba hacer filloas de leche y luego limpiar el fondo del armario (en sentido literal, naturalmente), pero he pensado que es mejor seguir en la onda intelectual. Tadeo ha aceptado y nos hemos citado en una cervecería del centro.

Hemos pasado un rato estupendo hablando de la obra de Miguel Ángel, la gran pasión de Tadeo, junto con la escalada, y de los sitios de Galicia donde mejor preparan las zamburiñas (no se puede decir estrictamente que ésa sea mi gran pasión aunque no deja de interesarme el tema zamburiño). También hemos parloteado del futuro de Zara, que en opinión de Tadeo resulta tan incierto y ajustado al *carpe diem* que hasta casi merecería la pena seguir hablando de valvas y fieras corrupias genialoides antes de dedicarle el tiempo a un asunto tan escurridizo.

Según Tadeo, la improvisación que reina en Inditex es tal que no le extrañaría en absoluto que un día, de buenas a primeras, *el milagro* saltara en pedazos. A Tadeo le entra la risa cuando le pregunto cuáles son los retos a corto plazo.

—¡Y qué voy a saber yo de corto plazo si ni siquiera sé con qué nueva proeza me van a salir mañana! El mañana es una incógnita, ya no te digo el pasado mañana..., eso queda tan lejos que ni se planifica.

Tadeo ha resultado ser una cabeza pensante del sistema. En su mesa hay un retrato panorámico de las Hurdes que le ayuda a concentrarse en la dura realidad y a recordar que es sólo polvo («mas polvo enamorado», reza el último verso del soneto amoroso más hermoso en castellano).

—¿Y qué es lo que hacéis vosotros? —pregunto indiscreta y deseosa de saber.

—Hacemos milagros y, a veces, auténticas virguerías —responde Tadeo evasivo—. No sé quién te habrá contado el bulo ése de que Toyota nos ha creado la red informática y los programas con que trabajamos. La red y absolutamente todo lo hemos ideado nosotros a medida, y tenemos a los de IBM con la boca abierta. El jefe siempre pide el más difícil todavía, el buen hombre no para de pensar y de ordenar piruetas de acróbata. Nos tiene en las lindes del abismo y tenemos tantas responsabilidades sobre nuestros hombros que... Suerte que somos personas fieles y que tenemos buena salud porque si no, no sé qué pasaría con este galimatías.

—Eso, ¿qué pasaría si de repente los informáticos decidierais hacer una huelga de celo u os murieseis todos juntos por alguna extraña razón, por ejemplo: una epidemia? —No es tan extravagante mi pregunta. En *Ensayo sobre la ceguera*, de Saramago, se queda ciego hasta el apuntador y no se sabe por qué.

Sonrisa socarrona y mirada luciferina de Tadeo.

—¿Sabes lo que ocurrió con el *Titanic*? —pregunta.

Asiento con un liviano cabeceo. Tadeo continúa su parlamento de príncipe de Dinamarca:

—Era un trasatlántico de última generación: grande, poderoso, moderno, imbatible y se hundió por un error fatal de cálculo. Nosotros somos como el *Titanic*. A diario nos colocan a la altura de los icebergs y nos dicen: «Ojo avizor, ahí están esas masas monstruosas de hielo, a ver qué hacéis vosotros».

—¿Y cómo se soporta esa tensión?

—Gracias a varios factores: el primero, porque se trata de un trabajo estimulante y creativo, siempre estás creando a partir de nada; el segundo, porque el clima de trabajo es buenísimo y hemos conseguido algo que muy raramente ocurre en las empresas: ser amigos; y, tercero, y no menos importante, porque estamos bien pagados. En esta empresa el trabajo creativo se remunera como Dios manda.

—Hay algo que no entiendo.

—¿Qué?

—¿Cómo se os permite tener tanto poder? Porque si he entendido bien tenéis el holding entero en vuestras manos, sois con diferencia el lobby más poderoso del grupo.

—Porque ellos, los ejecutivos, me refiero, no conocen nuestro trabajo y por lo tanto no pueden hacer previsiones sobre lo que pasaría si nosotros fallásemos. Nadie es imprescindible, pero no quiero ni pensar en el caos que se organizaría si nosotros no hiciéramos lo que hacemos; mejor hablar de otra cosa. Respecto a la segunda parte de tu observación, te diré que en esta empresa todo funciona así. Cuando se deposita la confianza en alguien, no se piden explicaciones. Sencillamente se espera que esa persona cumpla y no defraude las expectativas que en ella se han depositado. No me digas por qué, pero funciona, por eso entre nosotros comentamos que este hombre es un genio, un auténtico y absoluto genio. Pero no porque haya creado esta cosa informe que no se sabe hacia dónde va, aunque también por eso es un genio, sino porque no necesita la coacción ni la vigilancia permanente para que la gente trabaje como esclava.

—Yo todavía desconfío de que vosotros hagáis absolutamente todos los programas.

—Pues créetelo, tenemos expertos de todas las profesiones incluidos ingenieros.

—Ah, sí, ¿y qué pintan los ingenieros?

—Estudian al detalle los cambios que se pueden introducir en la maquinaria convencional para optimizar el rendimiento y adecuarlo a lo que se precisa. Tú no te has dado cuenta todavía de que somos una empresa cojonuda.

—Me dejas estupefacta, chico. Yo creía que el *just in time* era como el huevo de Colón pero ahora veo que hacéis huevos de colón como el que hace churros. —También a mí me ha dado por recurrir al imaginario gastro-histórico.

Tadeo se ha desinhibido y estamos la mar de a gusto tomando cervezas. Se acuerda de los primeros tiempos en que eran tres gatos y no existía Nueva York ni Tokyo ni nada de nada, sólo La Coruña y ganas de crecer.

—Abre un restaurante en Arteixo —me sugiere mientras damos cuenta de los calamares fritos que hemos pedido para acompañar las cañas—; todo lo que se abra en este pueblo tiene éxito porque ahí estamos nosotros consumiendo.

—Pero ¿para qué diantres necesitáis restaurantes si ya tenéis los comedores de la empresa? —pregunto ingenuamente.

Tadeo se revuelve inquieto en la silla. Por encima de nosotros flota un invisible hongo aromático de huevas fritas.

—¿Quién quiere pasar los tres cuartos de hora de la comida oyendo las necesidades imperiosas de todos los mindundis de todos los departamentos: quiero esto, quiero lo otro, ¿para cuándo me tienes lo mío?, ¡urgentísimo! —protesta Tadeo—. Siempre que puedo voy al pueblo a comer. Y cada día más gente huye del comedor de Goa.

Inditex dispone de cuatro comedores para sus empleados, ubicados en cuatro edificios distintos: Samlor, Noite, Goa y Fíos. Los ejecutivos de la casa y Amancio almuerzan en el comedor de Goa. Ya existe un quinto en el edificio inteligente construido frente al actual donde se han trasladado los Servicios Centrales, parte del almacén y donde también estará la Fundación cuando entre en funcionamiento. El comedor de Goa, como ocurre con el resto de fábricas y de oficinas, está en el polígono de Sabón. Funciona como *self-service* y dispone de varios menús para elegir, pero la empresa también facilita los extras habituales de un restaurante normal para quien no quiere comer de rancho.

Simón, que entró en la empresa hace dos meses, en contabilidad, se quedó boquiabierto cuando Clarissa Wiesel le comentó que el hombre que había estado comiendo a su lado era el propio Amancio.

«¿Pero seguro que era ése?», preguntó Simón, incapaz de asimilar que había almorzado con el Gran Hermano y Clarissa respondió enojada: «Si lo sabré yo; no sé qué esperabas, chico».

Tadeo reflexiona en voz alta después de haber dejado limpia la fuente de calamares:

—En lo exterior, el jefe es un tipo de lo más normalito. En su casa, los domingos, único día que se almuerza en familia, comen todos juntos, incluido el servicio, y lo hacen en un office anexo a la cocina. En Goa pasa lo mismo. A eso no le da ninguna importancia, aunque él sea millonario y el resto simples asalariados cada uno en diferentes niveles. Bueno... Goa no es el comedor exclusivo de los ejecutivos; es verdad que ellos comen allí pero no son los únicos. Antes también yo comía allí.

—¿Y el despacho del jefe cómo es?

—¿Que cómo es el despacho de Ortega?

—Eso te acabo de preguntar, me gustaría que me lo describieras.

Tadeo se toma unos instantes para enchufar la memoria virtual y luego responde:

—Debe de ser aproximadamente equivalente a cuarenta y ocho campos de fútbol.

—¿Me tomas el pelo?

Me tengo merecida esa respuesta malévola.

—¿No creerías que Ortega tiene un despacho con alfombra persa, un Picasso de la época azul colgando en el testero de la pared, un repostero de gules y un bargueño renacentista en la esquina? ¡Pero bueno, mujer! ¿Y tú estás escribiendo un libro sobre Ortega? —El comentario es como un escupitajo de curare pero luego, ya arrepentido, Tadeo suaviza su lengua viperina—: El jefe prácticamente es Dios: está en todas partes y a él no le van esas cosas de las oficinas.

Lo que le va al jefe

Ahora ya es vox pópuli que Amancio Ortega no comparece en los lugares públicos ni permite ser fotografiado —ya he explicado que la única fotografía oficial actual que hay publicada de él la ha proporcionado la propia empresa en su primera memoria oficial— como tampoco que le entrevisten periodistas de elite o plumíferos pardillos. El rostro siempre sonriente y afable de José María Castellanos, vicepresidente de Inditex o el joven y expresivo de Antonio Abril, secretario del Consejo de Administración, lo sustituyen cuando hay una entrega de premios, una cena importante o un acto protocolario. Para las demás cuestiones la cara de Inditex es la de su director de comunicación, Diego Copado. ¿Y por qué esa actitud huraña?, se preguntan tanto el respetable como el periodista obligado por su jefe a trazar la consabida semblanza del personaje para el interés del lector.

¿A qué se debe tanto afán y tanto empeño por no ser conocido cuando cualquier persona de éxito persigue justamente lo contrario?, nos preguntamos todos.

Pues bien, para contestar a esta pregunta es de cumplida obligación acudir al oráculo y a los amigos, familiares y empleados del señor Ortega, los únicos que pueden ofrecer una respuesta mínimamente interesante; aunque también está la explicación favorita de los periodistas de la prensa salmón. Según éstos, el catolicismo latino, al contrario que el calvinismo anglosajón, no ve con buenos ojos el éxito individual y mucho menos la ostentación pública de la riqueza. Dice Jesús en los Evangelios: «Es más fácil que un camello entre por el ojo de una aguja que un rico en el reinos de los cielos».

Me gusta mucho más la explicación del oráculo. Éste preconiza el autoconocimiento: «Conócete a ti mismo», aconseja, mientras que los amigos de Amancio sostienen que ha desarrollado una patológica obsesión por ser nadie, algo que comprenden a las mil maravillas y defienden calurosamente. «Es un hombre al que le encanta hablar y que le hablen, su máxima aspiración en todo momento es estar a gusto. Jamás pregunta quién es el desconocido con el que ha entablado conversación y tampoco le importa saberlo y, por lo mismo, no siente ningún interés por ser un personaje público porque dejaría de estar bien», resume un amigo cercano. «Más de uno debería tomar nota de cómo no aburrir al prójimo con una simple conversación de negocios», añade un segundo que frecuenta sus desayunos en el Club Financiero. Lo cierto es que si un político quiere verle tendrá que ser él quien se acerque a Sabón, porque Amancio no va a ir a ninguna parte donde haya prevista una rueda de prensa. No voy a repetir la trillada anécdota del presidente Aznar y la historia con el príncipe de Asturias.

En la empresa la explicación sobre su defensa del anonimato es más contundente y también más aséptica: «En esta casa importan los proyectos, no las personas», afirma el director de comunicación. Si Zara es el prototipo de oferta comercial para gente anónima, ¿de qué otra forma podría ser la naturaleza de su mentor?

Rosalía Mera sostiene que somos los periodistas quienes hemos rentabilizado al máximo el asunto del anonimato: «Qué fácil, así siempre tenéis un titular». «Marketing inteligente», lo definió ella.

Cabe otra posible interpretación: como hombre astuto que es, la prudencia le ha servido de consejera. Si se callaba y adoptaba esta actitud de fantasma además de no meter la pata, no tener que definirse sobre lo que no entiende, amén de salvaguardar su persona de todas las críticas exteriores, contribuía con su silencio y su excéntrica «desaparición» en una ciudad de provincias a convertirse en mito. «El hombre sin rostro».

Por lo que respecta a nosotros, los periodistas, nos las acabamos viendo con el personaje que, por cierto, conviene subrayar, no tiene nada que ver con la persona. El personaje parece uno de esos muñecotes rellenos de serrín con la cabeza tonta ladeada mientras la persona se presta a complicadas elucubraciones metafísicas.

Tras el personaje hay una persona metódica, ambiciosa, imperativa, inteligente, un hombre que no fue a ninguna universidad de campus renombrado ni se codeó en su juventud con los herederos de las fortunas empresariales del país ni conoce más fiestas que las que él se quiera montar en su casas de Sanxenxo, Coruña, Anceis o Marbella (a esta última, por cierto, ya no va). Un hombre tremendamente exigente y competitivo que fomenta la competitividad entre los suyos y ha instruido a sus empleados en ese clima de superación individual y grupal que a veces molesta y levanta ampollas entre los más suceptibles porque «nos vemos forzados continuamente a hacer el paripé para dar la impresión de que no paramos, puesto que eso es lo que se espera de nosotros: rendimiento, rendimiento y rendimiento». «El jefe fomenta los piques entre compañeros —afirma una diseñadora de Zara—, disfruta viendo cómo nos vigilamos e intentamos llevarnos el gato al agua antes que los vecinos de al lado. Siempre juega a caballo ganador porque no soporta perder. Es superior a sus fuerzas. Y que no se te ocurra anteponer tus intereses a los de la empresa porque ¡pobre de ti!; él ya se encarga de tomar nota de esos pequeños detalles. Por ejemplo, si alguien va de viaje y trae algo puesto que se ha comprado y no lo ha ofrecido también a la empresa, el jefe se mosquea de lo lindo y casi te obliga a que lo des para que puedan llevarlo las clientas de Zara al mismo tiempo que tú. Lo colectiviza todo. Para él la exclusividad consiste en que el mayor número de personas tenga acceso a lo bello, lo original y lo práctico.»

Precisamente en ese afán imbatible de conseguir el más difícil todavía radica el mayor éxito de Zara. «No hay más que mirar la cuenta de resultados —comenta mi confidente secreto del Banco Pastor— para saber cómo le va a cada quién en el juego. Y a Inditex le va como le va porque es una empresa modelo en su concepto de gestión y porque cada trabajador, trabaje donde trabaje, está pendiente de la respiración del de al lado para no irle a la zaga en productividad.»

«El caso de Venezuela es el que mejor delata su carácter y su forma de operar en los negocios —dice Beltrán, el único de mis confidentes que vive al otro lado del charco—. A Amancio le costó mucho dar el paso de implantarse en América. Le daba pereza porque las cosas le iban muy bien en Europa y todavía quedaba mucho por hacer en el continente, pero sus asesores se lo aconsejaban: "Argentina está a punto de caramelo", le decían, y él lo pensaba y se daba cuenta de las enormes dificultades de compaginar una producción a contracorriente, el dilema de decidir si iban una temporada atrasados respecto a nosotros o si por el contrario iban adelantados. Cuando ya todos habían desistido de darle el latazo, entonces él dijo: "Vamos a Argentina". En Tortuguitas, un polígono cercano a Buenos Aires, se ha construido un gran almacén como el que existe en México, sólo para el abastecimiento de Argentina. El caso de Venezuela resultó a la inversa. Todos los expertos emitieron un dictamen desfavorable al desembarco en Caracas. El bolívar acababa de devaluarse, había inestabilidad económica y política en el país, la inflación parecía haberse enquistado. No tengo la menor idea de si Amancio leyó esos informes, de cualquier modo resolvió no hacerles ningún caso y compró en el centro de Venezuela un edificio histórico, creo que la cantidad desembolsada rondaba los 8.000 millones de pesetas. Y los que esperaban restregarle por las narices su fracaso se quedaron con las ganas porque durante meses ha ocupado el número uno en el ranking de ventas y ha marcado un hito en la la historia de la empresa.»

—Así que el jefe contrata asesores para luego no hacerles caso —pienso en voz alta mientras converso telefónicamente con Beltrán.

—No exactamente —replica—. Les escucha, porque él escucha a todo el mundo pero luego quien tiene la última palabra es él.

—¿Y nunca le ha salido el tiro por la culata?

—Algo de eso ha habido. Por ejemplo, cuando se le ocurrió la brillante idea de que para ahorrar costes las propias dependientas limpiaran las tiendas, se produjo una auténtica revolución. Se negaron en redondo. Tampoco la vieja Berskha resultó un éxito. Se pensó en una cadena de tiendas con este nombre para una mujer de mayor edad que la de Zara y tallas superiores. Muchas mujeres se quejaban y continúan quejándose de que no encuentran tallas para ellas y se pensó en esta fórmula, pero no funcionó. Como tampoco ha resultado completamente exitosa la fórmula Kiddys Class.

—Kiddys Class es esa cadena de ropa para niños, ¿no?

—Exacto.

—Y he olvidado un fracaso que ni siquiera se materializó: Deep Blue Jeans, una cadena vaquera que se quedó en el papel.

—Deduzco de lo que cuentas que el entorno de Amancio Ortega también se equivoca.

—Claro que sí, mujer, nadie es infalible.

¡Qué alivio! Me pasman esas personas que siempre lo hacen todo bien y nunca meten la pata. ¡Con lo metepatas que soy yo! Cada vez que abro la boca sube el pan un duro.

—Si Amancio es una persona de lo más normal —precisa Beltrán—. Recuerdo una vez que fue a Dubai y en su honor, cuando tomó tierra su Falcon, por cierto que en toda Europa a lo sumo habrá unos cinco o seis y lo poseen privilegiados como Bernard Arnault y pare usted de contar, pusieron una alfombra roja y tocaron el himno nacional. El pobre Amancio no hacía más que mirar para atrás por si venía un presidente, un monarca o alguien así pero no, se lo tocaban a él, ¡figúrate, a él! No se lo podía creer: ¿quién era él para que le tocaran con la mayor solemnidad el himno nacional?

—¡Qué cosas, Beltrán, qué cosas! Oye, y el Arnault ése, ¿quién es? Me suena muchísimo pero ahora mismo no caigo.

—Pues no lo pierdas de vista, como siga la carrera dentro de poco toda la alta costura va a ser suya.

—¿Ah, sí? —Mi interés crece por momentos.

—Te refresco la memoria: es el dueño de los champagnes Moët & Chandon y Veuve de Clicqot, de Dior, Lacroix, Louis Vuitton, Céline, Loewe, Givenchy, Fred, Kenzo, Guerlain, Donna Karan y las perfumerías Sephora. Y, por si fuera poco, en España ha comprado el 25 por ciento de Textil Lonia, la fabricante de Purificación García y CH (segunda línea de Carolina Herrera).

—¡Qué barbaridad, ese hombre es un tiburón! Oye, y tú que te mueves por los altos mundos de las finanzas, ¿no conoces alguna anécdota de Zara que no haya trascendido a la opinión pública?

Beltrán carraspea. Si no fuera por nuestros vínculos afectivos yo creo que me mandaba a la porra pero, como en el fondo es un alma caritativa, decide soltar amarras.

—Bueno, hay una bastante curiosa referida a Giorgio Armani. Hace pocos meses el director financiero de Armani presentó una oferta de compra a Zara.

—¿Es que Armani quiere comprar Zara? —pregunto harto alucinada. Porque, en confianza, era la última noticia que esperaba oír.

He leído en la prensa el insistente rumor de la compra de Adolfo Domínguez por Inditex; por lo visto, Adolfo Domínguez se incorporaría como cuadro directivo; sin embargo se emiten desmentidos de ambas empresas, pero lo de Armani me pilla de nuevas.

A Beltrán le gusta dosificar la intriga. Domina con creces la técnica y la explota con éxito.

—No. Justo al contrario, quien quiere vender es Armani. Él está soltero y no tiene hijos pero, ¡cuidado!, no te aceleres en sacar conclusiones porque no hubo trato.

—Tendría gracia que hubiera salido el negocio.

—¿Y eso por qué?

—¿Cómo que por qué? ¿Pero tú has visto dos empresarios más en las antípodas? Armani se caracteriza por la publicidad invasiva. Aunque no quieras saber de él, da igual, no tienes más remedio que tragártelo. En la calle, gracias a sus despilfarros publicitarios, campan él y su logo: vallas publicitarias, carteles, anuncios de revista, televisión, *flyers*, hasta en la sopa; su presupuesto para publicidad y marketing debe de ser una bicoca y ahora mira el de Zara: cero de publicidad en televisión, vallas publicitarias y anuncios de revista. En *Marie Claire* me dijeron que aparte de no recibir ninguna presión por parte de Zara para que saquen su ropa, tampoco perciben ningún interés por que se les nombre o por ceder artículos suyos para aparecer en la revista. Les importa un pito.

—Pues yo te digo que Armani y Ortega se admiran mutuamente. Además algo puede haber de verdad en esos rumores de que Inditex está interesada en una firma comercial de gama alta. Referente a Armani, que yo sepa, en tres ocasiones han estado reunidos. ¡Lástima no haber estado presente en esas conversaciones! Me hubiera gustado muchísimo saber de qué hablaban.

—Tú tienes que saber cuánto vale cada una de ellas, ¿verdad Beltrán?

—Claro que lo sé. Hazte a la idea de que una Zara da para comprar cuatro Armani —responde Beltrán sin comprometerse en cifras.

Por el momento la respuesta basta, pero necesito una valoración menos acrobática que la que me ha dado mi confidente transoceánico. «Hay que ver cómo son estos tiburones de taimados y escurridizos», me sorprendo pensando cuando cuelgo el teléfono. Veremos a ver cuando llegue la factura de teléfono en el sobre verde y azul junto a cuatrocientos mil planes de descuento que, ¡vaya por Dios, qué casualidad!, jamás se adaptan a mi perfil de consumidor.

(Posdata: A Zara la valoran en medios financieros en un billón de pesetas. Si a alguien le interesa la traducción de la cifra a euros, que coja la calculadora y averigüe.)

Frente al privilegio, democracia

Nela se acaba de ir hace escasamente cinco minutos. Ha estado por aquí hociqueando en mis papeles y sentando cátedra como de costumbre. En cuanto he entrevisto una oportunidad, la he mandado de vuelta a casa con su marido y sus hijos.

Luego, ya sola, me ha dado por dar vueltas sin ton ni son pensando en todo lo que me ha soltado sobre el libro. Repentinamente he tomado la decisión de meterme en la cama y escribir hasta que me duelan los dedos de aporrear el teclado de mi portátil.

«Voy fatal», me digo desesperada. En mi mesa de despacho tengo pegada con fiso una cita de Kafka. Antes de irme a dormir siempre la recito como si fuera una oración porque me reconforta el tránsito al sueño. Dice, cito textualmente: «Dios mío que este libro que voy a leer no me haga sólo feliz, sino que sea como un puñetazo en el cráneo o como el pico del alpinista, que rompa el mar helado que tenemos dentro...».

Los escritores profesionales —no sé si los aficionados también opinan lo mismo— afirman que jamás se debe pensar en el lector porque el lector es una entelequia indigna de que se piense en ella. El caso es que yo sí pienso en mis lectores o al menos pienso en mí, que soy una lectora muy kafkiana en el sentido de la cita. En lo tocante a mis gustos, los rollos, por lo general, me entumecen los ojos y me abotargan el cerebro. Alguna vez, lo reconozco, he admitido en público que me conmovió hasta el calcañar *La Montaña Mágica*, que por cierto y dicho sea de paso, no he leído. Pero esta clase de declaraciones se hacen para quedar bien con Thomas Mann, Dios lo tenga en su gloria, y para darse lustre a uno mismo de cara a los demás, algo tan inútil y ridículo como vestir a la mona Chita de Calvin Klein.

Para mi desgracia duermo, como, convivo y malvivo con EL LECTOR. Siempre está ahí, al acecho, con su regla de maestro Ciruelo y su triste y espigada figura recién salida de *El entierro del conde Orgaz*. ¡Qué suerte tienen los escritores profesionales de no tenérselas que ver con esta cruz de lector!

Pero nosotros a lo nuestro, que en definitiva para eso escribo: para mayor satisfacción de mi lector, mi más preciado bien. La cama, sin embargo, no es el mejor sitio para elaborar cuadros sinópticos o pergeñar estudios de campo sobre si trabajan más hombres que mujeres en Zara, sus edades, procedencias geográficas y otros detalles pintureros. Pese a todo estoy obligada a ponerme manos a la obra. La culpa de que me tenga que dejar los ojos en las celdas de Excel es achacable a las «susceptibilidades feministas» de Nela, como las calificaría un tarugo de alcornoque universal, al que mucho le placería que la mujer volviera a quedarse sin voto y encadenada a la hornilla con una venda en los ojos del grosor de un adoquín.

—¿Te has fijado en las poquísimas mujeres que tienen puestos directivos en Zara?—, me ha espetado Nela mientras revolvía en mis papeles, en un momento de despiste.

Anticipándose a cualquier respuesta posible ha «cantado» la retahíla de puestos de alta remuneración —en traducción vulgar: los que cortan el bacalao— donde los nombres de varón sepultan por abrumadora mayoría la tímida presencia femenina.

—Mira, dieciséis puestos de alta dirección y sólo una mujer, además fíjate en qué área: logística —se contesta ella misma al estilo Juan Palomo.

Y no contenta con su aguda perspicacia de abogada, se ha puesto a pasar revista al grueso del ejército de a pie, que es como se llama a la infantería, integrado en su mayor parte por obreras y dependientas, para luego sentenciar:

—Ya ves, un calco de lo que pasa ahí fuera.

—Tienes razón —he dicho sumisa.

Pero luego he pensado para mí: «Por tu madre, no me des más trabajo». No obstante, mi muda súplica no ha servido de nada. La fan de Rosamunde Pilcher ha seguido su imparable trayectoria deductiva preguntándose en voz alta por qué en tan poco tiempo la población de Zarápolis ha experimentado un rejuvenecimiento tan acelerado.

—¿Habrás investigado qué hacen con los antiguos? —me ha preguntado en un tono nada conciliador.

Del trance me he escabullido lo más airosamente posible, con una evasiva y una promesa incierta de que investigaré más a fondo. Ahora bien: no tengo la menor intención de hacerlo porque se escapa de mi cometido, que lo haga ella o Bankinter, que años ha realizó un estudio interno sobre el comportamiento laboral de hombres y mujeres dentro de la empresa, a consecuencia del cual los peces gordos de dirección ordenaron la contratación masiva de mujeres.

Por suerte se me había caído al suelo el recorte de prensa con las denuncias del comité de personal de Pontevedra, integrado por mujeres. Si Nela lo llega a leer, me obliga a ir de puerta en puerta indagando las causas de por qué, según la denuncia, se vulnera constantemente el Estatuto de los Trabajadores no respetando horarios laborales, descansos, calendarios vacacionales y horas extras. Habría tenido que investigar qué hay de cierto en las acusaciones del comité acerca de supuestas represalias contra los dependientes que se atreven a quejarse. En fin, Nela me habría hecho trabajar de lo lindo para ella poder erigirse en portaestandarte de una nueva injusticia capitalista.

En los dominios del zar

Con un cargo de conciencia más sobre mis espaldas me dispongo a escribir sobre Inditex.

La existencia de Inditex tiene aburridos a los de la prensa salmón que se empeñan en escribir novedades sobre esta maraña de empresas y siempre les sale lo mismo.

El Consejo de Administración de Inditex está presidido por Amancio Ortega y forman parte de él como vocales la ex mujer de Ortega, Rosalía Mera Goyenechea, y dos miembros de la familia: Josefa Ortega Gaona y Juan Carlos Rodríguez Cebrián (yerno de Antonio Ortega). La vicepresidencia de Inditex está ocupada por José María Castellanos Ríos, alter ego de Amancio y el cargo de secretario lo ocupa Antonio Abril Abadín. Por último figuran cinco consejeros independientes: Carlos Espinosa de los Monteros, presidente del Círculo de Empresarios y de Mercedes Benz España; Juan María Urgoiti y López de Ocaña, vicepresidente de Acciona y presidente de las entidades bancarias Banco 21 y Banco Gallego, Francisco Luzón López, consejero y director general del Banco de Santander, Irene Miller, consejera delegada de Akim, y Fred H. Langhammer, presidente y consejero delegado de Estée Lauder.

En el anterior Consejo de Administración —el nuevo se remodeló en julio de 2000 para adaptarse al código Olivencia— figuraban asimismo en las vocalías la primogénita de Amancio, Sandra Ortega Mera, y cuatro ejecutivos de la casa: José María González Quintián, histórico de la empresa y temido director del Departamento de Personal; Fernando Martínez López, director de Expansión Inmobiliaria (una división de especial importancia para el desarrollo de las empresas del holding); Fernando Aguiar Maragoto, director de Informática y Administración (jefe a su vez de Tadeo), y José Arnau Sierra, director de Asesoría Fiscal.

Hoy por hoy, lo cual no es decir mucho puesto que continuamente brotan nuevas sociedades, el grupo español Inditex, S. A. está configurado según el siguiente esquema:[3]

COMERCIALIZACIÓN

Sociedad	*País*
BERSHKA BSK ESPAÑA, S.A.	España
BERSHKA PORTUGAL CONF., LDA.	Portugal
BRETTOS BRT ESPAÑA, S.A.	España
GZARA URUGUAY, S.A.	Uruguay
GRUPO MASSIMO DUTTI, S.A.	España
KIDDY'S CLASS ESPAÑA, S.A.	España
KIDDY'S CLASS PORTUGAL CONF., LDA.	Portugal
LEFTIES ESPAÑA, S.A.	España
MASSIMO DUTTI HELLAS, S.A.	Grecia

3. Fuente: Inditex.

PULL & BEAR ESPAÑA, S.A.	España
PULL & BEAR HELLAS, S.A.	Grecia
PULL & BEAR PORTUGAL CONF., LDA.	Portugal
STRADIVARIUS ESPAÑA, S.A.	España
VAJO, N.V.	Bélgica
ZA DENMARK, A/S	Dinamarca
ZA LIMITED	Turquía
ZARA ARGENTINA, S.A.	Argentina
ZARA BELGIQUE, S.A.	Bélgica
ZARA BRASIL, LTDA.	Brasil
ZARA CANADA, INC.	Canadá
ZARA CLOTHING OSTERREICH, GMBH	Austria
ZARA CHILE, S.A.	Chile
ZARA DEUTSCHLAND, GMBH	Alemania
ZARA ESPAÑA, S.A.	España
ZARA FRANCE, S.A.R.L.	Francia
ZARA HELLAS, S.A.	Grecia
ZARA ITALIA, S.R.L.	Italia
ZARA JAPAN CORP.	Japón
ZARA LUXEMBURGO, S.A.	Luxemburgo
ZARA MÉXICO, S.A. de C.V.	México
ZARA NEDERLAND, B.V.	Holanda
ZARA NORGE, AS	Noruega
ZARA PORTUGAL CONF., LDA.	Portugal
ZARA SUISSE, S.A.R.L.	Suiza
ZARA SVERIGE, AB	Suecia
ZARA UK, LTD.	Reina Unido
ZARA USA INC.	EEUU.
ZARA VENEZUELA, S.A.	Venezuela

FABRICACIÓN

Sociedad	*País*
CHOOLET, S.A.	España
COMDITEL, S.A.	España
CONFECCIONES FÍOS, S.A.	España
CONFECCIONES GOA, S.A.	España
CONFECCIONES NOITE, S.A.	España
DENLLO, S.A.	España
FIBRACOLOR, S.A.	España
GLENCARE, S.A.	España
HAMPTON, S.A.	España
INDIPUNT, S.A.	España
KENNER, S.A.	España
KETTERING, S.A.	España
JEMA CREACIONES INFANTILES, S.L.	España
NIKOLE, S.A.	España
NOSOPUNTO, S.L.	España
SAMLOR, S.A.	España
SIRCIO, S.A.	España
STEAR, S.A.	España
TEMPE, S.A.	España
TEXTIL RASE, S.A.	España
TODOTINTE, S.L.	España
TRISKO, S.A.	España
TUGEND, S.A.	España
YEROLI, S.A.	España
ZINTURA, S.A.	España

SERVICIOS

Sociedad	*País*
SERVICIOS	
BERSHKA LOGÍSTICA, S.A.	España
FIBRACOLOR DECORACIÓN S.A.	España
GOA-INVEST, S.A.	España
INDITEX ASIA, LTD.	Hong-Kong
INDITEX COGENERACIÓN, AIE	España
INDUSTRIA DE DISEÑO TEXTIL, S.A.	España
INVERCARPRO, S.A.	España
MASSIMO DUTTI HOLDING, B.V.	Holanda
MASSIMO DUTTI LOGÍSTICA, S.A.	España
PULL & BEAR LOGÍSTICA, S.A.	España
ROBUSTAE, SGPS	Portugal
VASTGOED ASIA, LTD.	Hong-Kong
ZALAPA, B.V.	Holanda
ZARA ASIA, LTD	Hong-Kong
ZARA FINANCIEN, B.V.	Holanda
ZARA HOLDING, B.V.	Holanda
ZARA ITALIA, B.V.	Holanda
ZARA LOGÍSTICA, S.A.	España
ZARA MERKEN, B.V.	Holanda
ZARA MÉXICO, B.V.	Holanda
ZARA NIPPON, B.V.	Holanda
ZARA VASTGOED, B.V.	Holanda
ZARA VASTGOED HELLAS, S.A.	Grecia

La salida a bolsa de Inditex ha cambiado en algunos aspectos el mapa del holding. Para centrarse en el negocio textil (fabricación y confección) y en la moda (distribución y venta) han vendido su participación en empresas de construcción, audiovisual y automovilísticas, manteniendo sólo sus intereses en logística, seguros, finanzas e inmobiliarias.

El capital social de la compañía, tras su anuncio de cotización en bolsa, ha quedado fijado en 148.613 millones de pesetas y los recursos propios en 148.613 pesetas.

Radiografía imposible

¿Se acuerdan de aquel «más difícil todavía» de nuestras tardes circenses cuando niños? Pues eso precisamente estoy haciendo yo en este mismo instante: malabarismos de funambulista.

Los periodistas a la hora de escribir tenemos una querencia especial por los datos. Nos encanta proporcionar cifras y cuantas más, mejor. Si por nosotros fuera el mundo quedaría reducido a una estadística. El problema radica en que rara vez nos ponemos de acuerdo en la interpretación de las cifras y por eso el baile de números suele ser muy habitual en los medios de comunicación. Inditex se presta poco a la radiografía numérica. Si hoy escribo que poseen 1.080 tiendas y 5 cadenas de moda, mañana —¡ojo!, no pasado mañana ni dentro de quince días— puede que ya haya dos Bershkas, tres Zaras y un Massimo Dutti más e incluso que se produzcan negociaciones secretas para desarrollar o comprar una sexta cadena. Hoy afirmo que el holding ocupa una superficie de X metros repartida entre los 430.000 m² de Sabón, 150.000 m² de Tordera y los 180.000 m² de Río do Pozo y resulta que ya están comprando más terreno industrial en Argentina o en Portugal. Sostengo que están presentes en 33 países, y cuando este libro descanse cómodamente en sus manos lectoras ya hay treinta y cinco puntos táctiles en el mapa de internet. Y si se trata de cuantificar cuánto ha ganado el holding en un día, la media de clientes que ha entrado por la puerta en las 1.080 tiendas o la proporción de ventas correspondientes a cada mercado, la cosa se complica. Por eso, el querido vicepresidente de la compañía, José Mª Castellano, acostumbra a callarnos la boca con píldoras, por ejemplo, que hacia 2003 el mercado europeo representará para Inditex el 80 por ciento de las ventas o que en 1999 el holding ganó una media de 82 millones de pesetas al día. Nos dice asimismo que en 1988 la superficie de venta era de 327.490 m² y que en la actualidad diseñan para el grupo más de 200 profesionales, de los cuales cerca de la mitad pertenecen a Zara.

Pero no se asusten, mi intención no es provocar una deserción de lectores en masa, de modo que: ¡cambio de tercio! Arrinconemos cifras y datos y a otra cosa, mariposa.

Me he cansado de reunir dossieres que estudian y diseccionan las claves de éxito del grupo español. Las referencias a Inditex en escuelas de negocios —entre ellas Harvard y Wharton—, simposios, seminarios de economía, informes empresariales, estudios de mercado, diagnósticos de expertos, etcétera, son tan mareantes como los títulos otorgados, entre los cuales cabría destacar el de *Empresa europea más admirada*, distinguida por el rotativo británico *Financial Times*, o el *Armani de precios moderados* con que ha sido bautizada por la prestigiosa consultora Goldman Sachs en uno de sus más recientes informes.

Portugueses, italianos, alemanes, ingleses, franceses, suizos, holandeses posan su mirada en esa megaestructura empresarial que con una sagacidad e inteligencia extraordinaria, atribuible a su equipo directivo, ha ido, apuesta tras apuesta, diversificando sus inversiones. Un ejemplo de ello es Fibracolor en Tordera: un impresionante centro textil de 40.000 m^2, distante de Barcelona 60 km, capaz de producir en un año hasta 55 millones de metros de tejido tintado. La adquisición en 1988 por parte de Inditex de un 30 por ciento de la compañía supuso la alianza entre uno de los mayores grupos textiles europeos y un grupo empresarial puntero en tecnología de blanqueado, tintado y lavado de prendas.

Las alianzas puntuales de Inditex con empresas europeas y una atinada elección de sus inversiones han reportado al grupo una proyección internacional que difícilmente encuentra parangón en otros casos del sector textil. Los ejecutivos de Inditex tienen la obligación de conocer a fondo el mercado en el que se mueven y de encargar a las empresas más competentes en cada caso los informes que necesitan para trabajar. Los pactos con socios locales, de acuerdo con una entrevista posibilidad de negocio, hacen realidad la incursión del grupo en mercados difíciles y competitivos. Aterrizar en los países árabes, conquistar el mercado alemán o hacerse un hueco en el israelí ha sido posible gracias a la creación de sociedades conjuntas con socios locales. Según el director de comunicación de Inditex, cada Zara que se abre en un país extranjero se puede considerar talmente como una empresa del país donde está asentada. Se respetan los convenios nacionales, las políticas contractuales, los horarios y todas las peculiaridades e idiosincrasias de cada legislación. Esta política de adecuación a los mercados nacionales plantea, sin embargo, un problema futuro tanto en relación a la zona euro como a la venta por Internet, algo a lo que sin duda se incorporará Zara en breve. ¿Costará la ropa igual en Zara Alemania que en Zara Holanda o en Zara España? La respuesta por el momento es: No. En virtud de los factores antes mencionados, la empresa no puede unificar precios sin que ello suponga un importante quebranto para su economía. Si bien el comportamiento del mercado será quien tenga la última palabra al respecto.

DESFILE DE BELLEZAS

Cuando yo era pequeña no había fiesta de pueblo importante que no incluyera un desfile de *majorettes* (*mayorés* las llamábamos nosotros). Poco a poco estas criaturas de faldas desflecadas, puños y botas acharoladas y gorros a lo gendarme pero, en exagerado, se han extinguido sin dejar rastro. «¿Qué habrá sido de las *majorettes*?», cavilo mientras Beltrán, en un alarde de sencillez economista, relata lo que está sucediendo en Zara a partir de su sonado anuncio público de salida a bolsa.

—Atenta al aeropuerto —sugiere Beltrán, mientras yo sigo con el palitroque de la *majorette* haciendo acrobacias melancólicas.

—¿Por qué? —pregunto sin entender.

A veces puedo resultar obtusa, lo reconozco, y esa opacidad mental no ayuda en una conversación sagaz.

—¿Cómo que por qué? Haz el favor de pensar.

¿No es eso lo peor que se le puede decir a un interlocutor medianamente inteligente?

—Alguien va a a venir —conjeturo.

—Di mejor que están viniendo —matiza Beltrán—, pero no alguien en singular sino muchos en plural.

A primeros de septiembre de 2000 se celebró en Sabón una *Beauty Parade*. En la jerga de los brokers se llama *Beauty Parade* al desfile de visitas que la primera división de la banca internacional realiza a una empresa importante cuya salida a bolsa ha sido anunciada. Naturalmente las visitas se producen a requerimiento de la compañía y el objetivo de un «desfile de bellezas» reside en elegir a los coordinadores generales de la operación bursátil de entre los convocados a la reunión.

Con una paciencia digna del santo Job, Beltrán me cuenta los entresijos de estas reuniones a las que, dada mi condición, no he asistido.

Para que los candidatos a coordinadores generales resulten elegidos —conseguir el nombramiento comporta automáticamente para los bancos de inversión que lo han logrado una saludable cantidad de millones en cualquier moneda— deben demostrar a Inditex, por medio de sus analistas de bolsa, que conocen bien la empresa y que han elaborado una estrategia impecable para rematar la operación con éxito. A Ortega y a los directivos de Inditex les interesará saber cómo piensa cada candidato en cuanto a qué cantidad de capital sacar al parqué, la forma de repartir las acciones de la compañía, cuánta demanda se generará, qué marketing va a emplear, cómo evitará la contaminación de la marca y otros pormenores.

Después de ser elegidos los coordinadores generales (los de Inditex han sido: el Banco Bilbao Vizcaya Argentaria (BBVA), el Banco Santander Central Hispano Americano (BSCH),

Morgan Stanley y Dean Witter y Schroders Salomon Smith Barney), el presidente de la compañía se monta en un avión privado acompañado de una especie de biblia de la empresa e inicia el *road show*... «Espera, déjame que te explique —Beltrán ha advertido mi amago de interrupción—. Durante dos semanas asiste a reuniones en las principales capitales de negocios del mundo (Frankfurt, Londres, Zurich, Madrid, París, Nueva York, Tokyo...) para infundir confianza en los gestores de fondos de inversión. Habitualmente en cualquier empresa este trámite lo cumple el presidente de la compañía y su director financiero. En Inditex se ha encargado de todo José Mª Castellanos. Pero no se terminan aquí todas las operaciones. Una vez finalizado el *road show*, los directivos de los fondos de inversión más apetecidos de las finanzas internacionales se trasladan a La Coruña para visitar las instalaciones de la compañía y completar la información que han obtenido por parte de la empresa, por eso te decía que si estabas atenta al trasiego del aeropuerto ibas a obtener sustanciosas informaciones de quién se dejaba caer por aquí.»

Yo debo de ser algo burra en temas bursátiles, lo admito, pero lo que no entiendo es por qué ahora que la bolsa va de capa caída, el euro no levanta cabeza, Bush nos tiene acogotados, las textiles pierden dinero a marcha forzada y sobre todo los fondos de inversión nos han dado más sustos que El Exorcista, precisamente ahora éstos anuncian su salida a bolsa.

Beltrán me ratifica que las textiles no están dando grandes alegrías en la bolsa. Cuenta que GAP tiene problemas en el parqué americano, y que en su última temporada la sueca H&M se ha pasado en la modernidad de sus colecciones, de ahí que los clientes se lo estén haciendo pagar. Para la operación de Inditex los expertos han tomado como referencia H&M en lugar de la americana.

—A Adolfo Domínguez —meto cuña— tampoco le está yendo de perlas.

—No.

—¿Y por qué han elegido este momento para su OPV? —insisto.

—Esa decisión ya estaba tomada hace tiempo. De hecho, contrataron hace dos años a un ejecutivo procedente de Morgan para este menester. Que poco tiempo después pusiera pies en polvorosa hay que interpretarlo como: uno, no se adaptó a la empresa; dos, la empresa optó por prescindir de sus servicios. Inditex, ya lo sabrás, no sale a cotización para financiar su crecimiento.

A veces me da rabia ser tan marisabidilla pero no puedo reprimir este filamento estalagmítico de mi personalidad.

—Claro que no. Lo hacen para consolidar la internacionalización de la compañía —apostillo.

—Eso es. Por volumen de negocio Inditex se va a colocar directamente en el IBEX 35 (indicador bursátil para las 35 empresas españolas con mayor cifra de negocio).

—Me pregunto qué va a hacer Amancio Ortega con los millones de la operación.

—Entre 600.000 y 800.000 millones va a obtener la familia, según mis cálculos.

—¿Y en qué puede invertir su parte?

Beltrán sonríe malévolamente.

—¿A que no sabes en qué están pensando en estos momentos centenares de analistas de banca financiera de todo el mundo?

¡Bingo!: he encontrado otra nueva profesión para mi repertorio. Una novedosa salida profesional a la que no prestamos toda la atención que requiere los mortales de a pie: la de pensador de inversiones ajenas. La voy a incorporar rápidamente a mi muestrario de joyitas donde ya figura el *experto en downshifting* (una vida que no se gestiona como Dios manda ni es vida ni es nada) y el *shopper de compañía* (todo el mundo debería tener en nómina un comprador profesional para evitarse disgustos).

Dinero caído del cielo

Después de leer en los periódicos la noticia de que Inditex va a regalar a sus 23.000 empleados acciones de la compañía, he llamado a mis confidentes secretos para conocer sus reacciones. ¿Se lo esperaban? ¿Ha cambiado en algo su opinión sobre la empresa? ¿Qué piensan hacer con sus acciones?

Un 30 por ciento de los catorce mil empleados españoles que trabajan para Inditex son gallegos. En realidad la empresa tiene contratados en Galicia a cuatro mil trabajadores, una cifra que se triplica si hablamos de puestos de trabajo indirectos (construcción, transporte, mercancías, confección, etcétera). No obstante, al no estar en la nómina de Inditex, no participarán en el festín de la Operación Pública de Venta (OPV) en la que la compañía va a colocar alrededor de un 30 por ciento de su capital.

Por los comentarios de mis confidentes secretos, deduzco que se ha recibido con agrado la decisión de la familia Ortega de premiar la antigüedad antes que la categoría. A todos los consultados el gesto les ha parecido significativo. En los últimos meses corría por la empresa un rumor distorsionado según el cual sólo unos pocos elegidos —aproximadamente un centenar de trabajadores y desde luego todos ellos cargos directivos y mandos intermedios— se beneficiarían de la operación bursátil mediante las ya célebres *stock options* con que las compañías incentivan a sus directivos para estimular su competitividad. Al resto, se sospechaba, no afectaría para nada el trasiego de acciones. Se equivocaron. En una reunión de la junta de accionistas celebrada el 19 de enero de 2001 —día de san Canuto en el santoral—, se decidió que todos los trabajadores de la empresa, independientemente de su categoría y nacionalidad, recibieran cincuenta títulos por año trabajado hasta un máximo de veinte años, poniendo como única condición haber sido contratados antes del 31 de diciembre de 2000 y permanecer en la empresa al menos cuatro meses después de que Inditex salga a bolsa, que es cuando se efectuará el reparto.

Pero la medida, a decir verdad, no afecta a todos los trabajadores por igual. Aunque Inditex está presente en 33 países, sólo en 22 de ellos los trabajadores recibirán sus acciones. En los 11 restantes se tendrán que contentar con una paga extraordinaria equivalente al valor de las acciones que les corresponderían.

La noticia del regalo —entre 8.000 y 15.000 millones de pesetas en acciones a repartir— ha suscitado pocas reacciones. Únicamente los trabajadores recién incorporados manifiestan sorpresa y entusiasmo por que se les haya tenido en cuenta. Para el resto todo sigue igual. Para la amplia mayoría de los trabajadores de base la decisión de la familia Ortega de hacerles partícipes de los beneficios es de justicia. No hacerlo hubiera sido como darles una bofetada en plena cara. Consideran que si la empresa ha ido para adelante ha sido gracias a un esfuerzo conjunto. En una ocasión así la constancia, la fidelidad y el trabajo hombro con hombro, robando muchas horas a la familia y al ocio se tenía que premiar.

En Zara son muchos los trabajadores que han hecho carrera sin tener una titulación específica que pudiera respaldarlos. Esta fórmula tiende a desparecer. En los inicios, sin embargo, todo era posible. Véase si no el caso de los hermanos Ortega Gaona o el de Juan Carlos Rodríguez Cebrián, la mano derecha de Amancio. Ahora la competencia es tan feroz que raro es quien no adorna su currículum vitae con varias carreras universitarias e incontables masters en las más extrañas materias. ¿Recuerdan, por ejemplo, el caso de Alfonso Escámez que empezó en el Banco Central de botones y llegó a ser su presidente? Las madres siempre lo ponían de ejemplo de lo que a uno podía llegar en la vida si trabajaba duro.

Los otros hijos de Amancio

En fin, ya he hablado suficientemente de dinero y de competitividad. Estoy empachada de parlotear de dinero ajeno.

Pues eso: borrón y cuenta nueva.

Mis exigencias en estos momentos me llevan a ocuparme de las criaturas del Amancio Ortega.

Zara, por ser la primogénita, esa hija esperada que aguardan todos como agua de mayo, cuenta en el corazón del jefe con un lugar especial, pero eso no se traduce necesariamente en que el resto de la prole carezca de sitio en su estima.

Actualmente cuatro hijos más compiten por ganar clientes y ser líderes en su porción de mercado y de los cuatro, uno ha elegido la línea clásica y elegante, otro la asequible y trotera y las dos benjaminas el mundo adolescente femenino, el último filón de los magos de Inditex.

Massimo Dutti

El caso de Massimo Dutti es atípico dentro de la trayectoria del grupo. Esta empresa, creada por el empresario Armando Laussaca, fue vendida a los gallegos en 1995. Conservaron su línea clásica de moda y la abrieron también a la mujer, apostando por un perfil de mujer moderna pero de gustos sobrios y «con clase».

La gama alta del grupo la defiende la cadena Massimo Dutti con excelentes calidades y un diseño menos vanguardista y ecléctico que el de Zara. La central de MD está en Cataluña, en Tordera, donde acaban de desplazarse desde Mataró. Una parcela de 150.000 m^2 en un polígono industrial les ha servido para crear un centro logístico similar a la central de Sabón. Desde allí se centraliza todo el proceso de producción y también las tareas administrativas.

Massimo Dutti, a diferencia de los otros hermanos del grupo, sí hace publicidad de sus productos y se anuncia en revistas de moda.

La última apuesta de la marca, siguiendo la estela de empresarios como la americana Donna Karan, la casa italiana Versace o la española Sybilla, planea introducir una línea de decoración como complemento a su concepto de moda. Las tiendas MD ocupan locales de 400 a 500 m^2, si bien la tendencia señala a ampliar un poco más el espacio.

España, con sus 165 locales, encabeza la lista de tiendas, le sigue Portugal con 29 y luego la proporción va disminuyendo en México, Suecia, Bélgica, Holanda, Alemania, Noruega, Chipre, Arabia Saudí, Emiratos Árabes Unidos, Turquía, Dubai y Noruega respectivamente. En total hay 200 puntos de venta.

La página web de MD en internet responde a su enfoque exquisito y minimalista. No se puede comprar en ella.

Pull & Bear

Su nombre inglés confunde. Pocos españoles saben que esta extendida cadena de tiendas, cuya máxima competidora es la cadena Springfield, propiedad del grupo Cortefiel, forma parte del emporio Inditex.

El caso de Pull & Bear, nacido en 1991, resalta un crecimiento sostenido que, con la introducción de la línea femenina, se ha ido asentando y desarrollando hasta convertirse en una de las más interesantes ofertas comerciales del grupo.

El cliente de Pull & Bear responde al perfil de persona joven que quiere comprar barato, ir a la moda y tirar lo que se le fastidie o le deje de gustar.

La logística de Pull & Bear se gestiona desde sus instalaciones en el polígono Río do Pozo de Narón (La Coruña) y, como Massimo Dutti, reclama locales de menores dimensiones a los de Zara, si bien los nuevos Pull & Bear ya buscan ámbitos algo más espaciosos.

En total Pull & Bear cuenta con 225 tiendas extendidas por el mundo, de las cuales 165 pertenecen a España y el resto se reparte entre Israel, Japón, Grecia, Bélgica, Chipre, Kuwait, Emiratos Árabes, Arabia Saudí y Malta.

Bershka

Con este nombre de difícil pronunciación, que casi nadie dice correctamente, Bershka ha conmocionado a las treceañeras.

Desde que Bershka existe —fue creada en 1998—, las adolescentes han dejado de poner los pies en la sección niño de Zara, donde supuestamente podrían surtirse hasta los dieciséis años.

La cadena es el concepto más radical de moda del grupo gallego. De nuevo, los viejos discos de los comienzos aparecen, esta vez con acordes neopunkies, *rave*, bakalao y extrañas nomenclaturas que sólo ellas conocen y presumen de reconocer en cuanto ponen los pies en «su tienda». Para acabar de dar el golpe, ciertos Bershka han incorporado una sección de peluquería y estética donde todo está permitido, salvo parecerse a una ursulina.

Bershka se gestiona en Cataluña igual que Massimo Dutti, con quien comparte ubicación en el polígono de Tordera y su tienda más emblemática está en la Puerta del Ángel (Barcelona), donde suelen quedar las adolescentes antes de ir a cualquier parte. Bershka alterna locales de 400 m^2 con los de 1.000 m^2. En España ya hay 83 tiendas y las 17 restantes están repartidas entre Portugal, Chipre y México.

La moda de Bershka es *cañera* y asequible. El look, atrevido y vanguardista. Los escaparates de Bershka están en manos de gente muy creativa, salida del equipo de Jordi Bernardó. Para asombro de propios y extraños, Inditex se destapó hace unos meses con la adquisición de la cadena que más pupa le podía hacer en firme competencia.

STRADIVARIUS

La red de tiendas con el nombre del más célebre *Luthier* de violines fue adquirida por las huestes financieras de Inditex en el mes de noviembre de 1999. Se pagó por ella la modesta cantidad de 18.000 millones de pesetas. Hasta entonces las 80 tiendas de Stradivarius estaban en manos de la familia catalana Triquell (que ha conservado el 10 por ciento de Pígaro, S.A., la sociedad cabecera de la firma y asume la dirección de la cadena en la persona de Jordi Triquell). La moda de Stradivarius cuenta en la actualidad con 100 puntos de venta repartidos en 7 países. Está dirigida a un público femenino menos alocado que Bershka, aunque al igual que su hermana pequeña prodiga ambiente musical y propuestas adolescentes. La dirección y coordinación también se realiza desde Cataluña (Sabadell) aunque próximamente estrenarán sede en el municipio de Sallent.

El futuro de Zara

«¿Cuál será el futuro de Zara cuando a Amancio, como a todos, le toque la hora del último viaje?», le pregunté a cada uno de mis confidentes. Hubo respuestas para todos los gustos, pero la mayoría coincidió en que la empresa se resentiría de su ausencia.

—Estamos hablando de una multinacional —objeté yo—, sería casi de risa que la muerte de una persona provocara la debacle.

Clara me replicó:

—Tú no has trabajado allí, no lo puedes entender.

—¿Qué es lo que no puedo entender? —pregunté acuciada por la curiosidad.

—Bueno, Amancio Ortega para mí es insustituible porque Zara es su obra, ha consagrado su vida para que Zara sea lo que es. Esa pasión no se puede ni transmitir ni clonar.

Las palabras de Clara me recuerdan las de Flaubert: *«Madame Bovary c'est moi»*.

—Aunque hacer futurismo con una multinacional, como

tú dices, suena a tontería —apostilla Clara—. Seguramente la empresa tirará hacia adelante como han seguido en la palestra Chanel, Moschino, Versace, Balenciaga y tantas otras casas de moda pese a la muerte de sus primeros mentores. La mayor parte del trabajo ya está hecho y la maquinaria no se detendrá. Pero de lo que estoy segura es de que, salvo que aparezca un talento equiparable al de Ortega, la empresa notará su ausencia.

Mientras sus trabajadores especulan sobre lo que puede ocurrir, Amancio trabaja planificando el futuro. Ha instituido una fundación con su nombre, «Fundación Amancio Ortega», que promoverá y alentará los valores en los que él cree: talento individual, capacidad de trabajo, responsabilidad personal, compromiso con los semejantes, fe en las posibilidades del ser humano...

De su dirección se ocupará el ex vicepresidente de la Fundación Comillas, institución ligada a la Universidad Pontificia, Felipe Gómez Pallete.

Los proyectos son que la Fundación —creada en 1995 al tiempo que se constituía una sociedad instrumental llamada Gartler para recomponer el organigrama del accionariado— se ocupe de la sucesión de Amancio. En la mente del empresario está que la Fundación administre su legado y adquiera varias prerrogativas, entre otras: el control de la compañía, el derecho de veto y la recolecta de dividendos. Desde finales de los noventa, Amancio Ortega tuvo claro que el futuro de Zara no pasaba por el de una empresa familiar. Y así lo manifestó en una reflexiva carta a los trabajadores de la empresa donde subrayaba que el problema de las empresas familiares radica en que los herederos legales no son siempre las personas más capacitadas para dirigirlas. En lo que a él concernía, sus herederos recibirían su afecto y su patrimonio personal pero no la empresa.

Más claro el agua.

SEGUNDA PARTE

VIAJE VIRTUAL ALREDEDOR DE LA POLIS

En París con Florian

Lo peor de salir de viaje es hacer la maleta; aunque yo, honradamente, debería hablar de maletas, pues nunca viajo con menos de dos, da igual donde vaya, siempre encuentro algo que traerme. Para viajar por Zarápolis he decidido seguir el consejo de una revista de moda de cómo organizar con sensatez el equipaje. Para empezar, un error en el que incurrimos todos y que debe evitarse so riesgo de lamentarlo después, consiste en meter directamente la ropa que se saca del armario. ¿Cómo hacer entonces? Muy sencillo: extender el vestuario en la cama, formar conjuntos, pensar en cómo y cuándo van a ser utilizados y luego proceder.

Como da la casualidad de que mi viaje es virtual y en lugar de alfombra mágica viajo sobre los faldones de una americana a juego con unos pantalones de pata ancha, los engorros del qué me pongo se han simplificado satisfactoriamente.

Por la esquina de la casa de gárgolas de la plaza de María

Pita, atlético y apuesto cual figurín de pasarela, surge ante mí el seductor Florian.

—¿Nos vamos ya? —pregunto impaciente después de extender y soltar, más bien con desgana, la mano que le he tendido en la ceremonia del saludo.

—Espera un segundo, necesito coger resuello, tenemos muchos kilómetros por delante.

Lástima que Florian esté buscando acomodo en casa de una mecenas viuda porque si no..., en fin...

Cuando se considera repuesto de la carrera (ha llegado tarde a la cita porque Amancio lo ha entretenido a última hora) emprendemos viaje.

—A París —dice Florian agarrando la cartera-mochila y cargándosela en un hombro con un garbo inimitable.

Dicho y hecho. La americana y el pantalón de pata ancha nos depositan en menos que canta un gallo delante mismo de la entrada de *Première Vision*, la feria del textil más importante en Francia.

Como yo nunca había asistido a una feria de éstas, estaba convencida de que iba a ver modelitos a tutiplén y ya me frotaba las manos de gusto: craso error, aquí lo único que se ve por todas partes es tejido e hiladas.

—El tejido es lo más importante —sentencia Florian—. En moda ya está inventado todo, lo único novedoso es el tejido y se busca la innovación en las telas por encima del diseño de prendas. Una feria como ésta da la pauta de por dónde van a ir los tiros de la temporada. Fíjate en los colores, en las inspiraciones, ¿no interpretas?

—Lamentablemente, no interpreto nada —reconozco apesadumbrada—. ¿Debería interpretar?

—Sí, deberías. Es cuestión de profesionalidad y conocimiento.

—Entonces enséñame, estoy ansiosa por aprender.

Florian se me acerca con aire de agente 007 en misión secreta.

—¿Qué te dicen estos arabescos?

Dudo entre sincerarme o mentir, pero en el último momento recuerdo que a una declaración de sinceridad siempre le sigue una grosería, así que improviso lo primero que se me pasa por la cabeza.

—Me recuerdan los arcos del Patio de Los Leones.

—Algo es algo —farfulla Florian—. Los tejidos dan una indicación de las tendencias; en este caso podemos interpretar que van a llevarse las túnicas, los caftanes, los turbantes, vuelve el barroco y su tendencia a guarnecer el exceso. El motivo de inspiración es Oriente, el mundo musulmán, los caracteres cúficos, el Mediterráneo…

—Ya.

Seguimos haciendo pasillo. Florian me explica que a Zara las ferias tipo *Prato*, *Milan*, *Première* o *Expofil* le interesan por varios motivos: lo primero y más importante por el acopio de información sobre los tejidos y calidades; esto es clave, dado que Inditex también fabrica. Una feria de esta clase es como un prestigioso festival de cine donde todo el mundo acude para ver qué está haciendo la competencia y de paso también para exhibirse. Dejarse ver es tan importante como conocer lo que se cuece en los pucheros. La norma general es calcular un escandallo previo para que salgan los números. Pero fundamentalmente lo que se hace en las ferias son contactos y negocios. El peso de Zara es tan importante que raudos y veloces los proveedores acudirán a Sabón para presentar sus muestrarios a los comerciales, y así permitir a los diseñadores y patronistas que los estudien. Los comerciales consideran una compra importante a partir de 500.000 metros de tela. Con esta cantidad tendrán para confeccionar dos trajes de cada talla para cada tienda.

La segunda norma de la casa es apretar las clavijas. «Son avasalladores —me dijo una pobre comercial de una famosísima marca española de vaqueros—. Ahí estás tú presionando para conseguir mejor precio, con tus metros controlados para no salirte un milímetro del presupuesto y llegan ellos y todo se va a la eme. Compran por pistas de aeropuertos o por kilómetros de autopista —se quejaba la dolida comercial.»

Florian asume las acusaciones.

—Es la norma, somos duros como el mármol. Tenemos instrucciones muy estrictas y no podemos pararnos en menudencias: a la competencia ni agua.

—Entonces —cavilo— , cuando los proveedores os ven, una de dos: o se echan a temblar o sufren un infarto con el susto de la buena venta que pueden hacer.

—Más o menos.

—Y los competidores, supongo que os vigilarán estrechamente, ¿no?

—Si estás en este mundo sabes lo que compran unos y otros y hay formas de enterarse.

—Claro, el espionaje industrial. Pero ¿es verdad eso de que a veces compráis a los mismos proveedores que le venden a Armani, a Klein, a Gucci?, por poner ejemplos de diseñadores conocidos de los que se os conocen modelos exactos.

—No sólo a los mismos proveedores, porque los proveedores ofrecen muchos tipos de calidades y precios. Podría decirte que sí sin aclararte nada más y no estar contando toda la verdad. Un cocinero de Arzak y otro de una tasca pueden coincidir comprando la carne en el mismo carnicero y uno llevarse solomillo de ternera y otro chuletas de cabezada de cerdo. No sé si me explico. —Cabeceo en señal de asentimiento tras lo cual Florian continúa su inspirada explicación carnicera—: Se da la circunstancia de que compramos lo mismo pero no cobramos los mismos precios finales por los resultados...

—¿En serio?, ¿no me estás contando una bola?

—En absoluto.

—Entonces...

—Desde luego que es un circo —concluye mi confidente secreto parándose en un stand donde su olfato le indica que puede haber negocio.

—¿Y en qué lugar quedamos nosotros, los consumidores?

—En el que le dé la gana a cada cual.

Eso es cierto. Cada *Pelúdez* debe cargar con la cruz de sus propios prejuicios. La moda es un negocio aunque tenga una parte de inconsistencia y de apariencia de ilusión. Si alguien quiere sentirse muy exclusivo, el pobre infeliz puede convencerse de que enfundándose en un carísimo modelo de alta costura se diferenciará del vulgo, algo a todas luces inútil, puesto que la verdadera aristocracia se mueve en una órbita ajena a la moda, pero somos cuerpo y alma y nuestro cuerpo sueña con la belleza y con la imposibilidad de ser eternamente joven y hermoso... ¡Pobres de nosotros!: lo único que nos venden son ilusiones.

—No hay que confundir las churras con las merinas —dice repentinamente Florian, sacándome de mis cavilaciones filosóficas a las que tan proclive soy—. Decir que Zara y Valentino hacen lo mismo es una estupidez, pero también es una estupidez gastarse 300.000 pesetas en una falda acolchada en seda que, aparte de pasar de moda más rápido que un suspiro, puede salir por quince. Si alguien está interesado sólo en la etiqueta allá él, yo en ese asunto ni entro ni salgo.

—Cuéntame —demando ávida—, ¿dónde puedo ubicar geográficamente a los proveedores a los que compráis?

—Ufff..., eso depende de muchos factores; de si hablamos de tejido o de punto ya confeccionado, de prenda acabada o de complementos. Compramos a alemanes, italianos, españoles, portugueses, turcos, indios, mauricianos, chinos; a asiáticos en general para prenda acabada como parkas, anoraks, cazadoras en ramio; en fin, hay de todo. Desde luego tenemos unos proveedores más o menos fijos, pero siempre podemos hacer negocio con alguno nuevo.

—Me he fijado, por las etiquetas, en que compráis bastante en Europa del Este: Lituania, Rumanía, menudos sitios buscáis por ahorrar el duro.

—¿Y qué te crees que hacen los demás?

—Me hago cargo, hombre, ya os veo a todos escudriñando hasta el último rincón del mundo en busca de mano de obra barata. Por cierto, ¿os dan muchos quebraderos de cabeza las importaciones y exportaciones?

—Tú quieres saberlo todo.

—Soy periodista, criatura.

—¿De las buenas?

—Está feo que yo lo diga, pero un director de periódico dijo una vez de mí que era la peor periodista del mundo con quien había tenido el disgusto de tratar. Y no me he olvidado de la pregunta, así que...

Florian se ríe, le hacen gracia mis tonterías.

—Importar, exportar, cualquier operación burocrática produce quebraderos de cabeza. Los problemas con aduana son continuos: no quieras meter en México algo que venga con etiqueta de China o de Vietnam, y ya no te digo los problemas que nos ocasiona la confección de China en Estados Unidos.

—¿Y qué hacéis para solucionar las trabas de aduana?

—Pues depende. A veces hay que volver a hacer la prenda con otro tejido para que pueda entrar en el país o reetiquetamos; tenemos también nuestros trucos. De todas formas hay países que se comportan con mucha agresividad.

—Oye, Florian, ¿recorréis muchas ferias?

—Las necesarias. Son citas obligadas Francia e Italia pero hay muchas más; en Alemania, por ejemplo, hay ferias importantes; sin embargo, nosotros donde verdaderamente arreglamos es en la visita de los proveedores.

Florian acaba confesando que los italianos son los proveedores más poderosos en Europa y que en Turquía tienen uno, en concreto, a quien compran en grandes cantidades.

Inditex posee dos empresas de fabricación de tejido: Fibracolor y Conditel. Las dos se encuentran en Barcelona. En Narón acaban de abrir dos empresas más: una de género de punto y otra de tintado.

Se me olvidaba mencionar un detalle: como quiera que Zara adquiere cada día mayores dimensiones, en comercial han optado por la fragmentación. En esta nueva etapa de expansión se impone el reparto de responsabilidades: hay un encargado para comprar punto, otro camisas, otro pantalones, otro camisetas, y así suma y sigue. Junto a esta jerarquía por responsabilidad de prenda coexiste otra, cuyas funciones atañen a la coordinación en cada país: Argentina, Portugal, México...

Incluso entre los comerciales, duramente entrenados para la competición, circula una sana corriente de marujeo. Cuando llega al almacén un modelo nuevo, es Comercial quien tiene que autorizar su traslado a tienda. Los encargados de paquetería presentan la mercancía y si el comercial que ha realizado la compra identifica su adquisición —existen muchas posibilidades de que esto ocurra—, querrá ver el resultado final. Entonces se convocará al maniquí de pruebas y éste, obediente, se pondrá el vestido negro de fieltro, para regocijo del comercial.

—Somos muy vanidosos —reconoce Florian— y disfrutamos con estas minucias.

Para Florian gran parte del éxito de Zara se cifra en su versatilidad.

—Podemos estar vendiendo chaquetas de cuadros y si no funcionan y varios clientes nos preguntan por el mismo modelo pero a rayas, en menos de quince días hemos convertido las fracasadas prendas de cuadros en las exitosas rayadas. Eso lo podemos hacer porque participamos en todo el proceso, incluido el tinte de tejidos. A los que no participan en la cadena completa o bien les es imposible hacerlo o tardan más en servir la mercancía.

Viendo que se echa encima la hora del bocadillo, propongo la vuelta a casa. Florian no acepta mi invitación para cenar porque tiene entradas para el concierto de la Sinfónica. Me asegura que por nada del mundo se perdería la actuación de María Joao Pires en el Palacio de Congresos.

Ya en casa, ceno frugalmente, como un cartujo —constato que el estilo franciscano de la empresa me está calando—, y me siento delante de la tele a ver tranquilamente *Poderosa Afrodita* de Woody Allen.

Mañana me espera un duro día de trabajo.

New York, New York

—Vamos a entrar en los almacenes Takashimaya —propone Gadea arrastrándome hasta la entrada del centro comercial japonés—. Me encantan las bolsas y cajas de aquí con las que envuelven los regalos —anuncia como si le gustara comprar tonterías sólo por las cajas donde meten la mercancía.

Llevamos parte de la mañana y prácticamente la tarde entrando y saliendo de sitios como los almacenes Takashimaya. Después de Saks, Bergdorf Goodman, Bloomingdale's y Macy's he contabilizado más de veinticinco entradas y salidas, y todavía nos queda lo peor, que son los mercadillos y los tenderetes del Soho, donde según Gadea es posible encontrar pañuelos muy de inspiración Dries van Notten (a quien por cierto no tengo el gusto de conocer. Ni siquiera sé si es hombre o mujer).

Me entero por nuestra conversación a trompicones de que de los complementos hay gente que se encarga de cada país y que debe rastrear como un hurón los mejores fabricantes de boas de plumas, bolsos con asa de madera, gorros andinos o cinturones de eslabones. Del punto se encarga un departamento en exclusiva.

—Toma buena nota de lo que ves —me advierte Gadea—, seguro que de aquí sale una idea como las que he pillado en Urban Outfitters, Century 21 y Sceaning Mimi's.

—¡Qué cansado es esto! —bufo agotada de tanto trajín—. Yo creía que el trabajo de diseñador era más relajado, bueno, de orden creativo y experimental..., yo me entiendo.

—El trabajo es el trabajo. Date prisa, vamos a subir en el ascensor.

Una caja de madera minimalista nos traga como la ballena a Jonás. Qué contraste este ambiente equilibrado y espiritual repleto de woks, sedas y mullidas felpas con la locura de Century 21, donde por no haber no había ni probadores.

Desde hace ya algunos años lo oriental impregna nuestras costumbres y se impone a velocidades vertiginosas en todos los órdenes de la vida: filosofía, pensamiento, decoración, vestimenta, gastronomía, arte, literatura... Quinientos años después de descubrir América hemos descubierto el sushi , la caña de bambú, los muebles chinos, los ikebanas, el haiku, las lámparas de papel de arroz y la mezcla de blanco y chocolate.

La última vez que estuvo mi madre de visita en casa durmió en el futón del despacho y, aparte de llamarle putón y de quejarse por lo mal que se dormía en esa «cosa» —¿por qué no me compraba un colchón Flex como está mandado?—, me recriminó por haber decorado todo el piso como *La casa de té de la Luna de Agosto*.

«Menos mal que todavía no te ha dado la ventolera de quitar de en medio el sofá», dijo cuando la paseé por mis habitaciones minimalistas inspiradas en el look Zen y resueltas con los módicos precios de Ikea, la Zara de los muebles.

—Yo sólo he ido a Tokyo una vez, suficiente para saber que van dos o tres años por delante de nosotros en todo —afirma Gadea—. Todo lo referente a Tokyo es flipante, un mundo aparte, un auténtico cóctel molotov de desenfreno y disparate. Las calles de Harajuku y Shibuya —dice, como si yo estuviera en el ajo de que éstos son reductos bandera de la moda japonesa— no tienen desperdidicio, y en Ginza (una gigantesca área comercial como un pequeño microcosmos) puedes alucinar colores de verdad. Los orientales reinterpretan las influencias europeas y americanas, funden, mezclan y de todos sus apaños surge un estilo especial del que nosotros tomamos buena nota para inspirarnos.

—Esto ya me parece rizar el rizo, algo parecido a que los del tercer y cuarto mundo acaben comprando en grandes lotes de saldo lo que ellos mismos han fabricado a precios muy inferiores.

Para saber lo que se va a llevar aquí dentro de dos o tres años no tienes más que ir a Japón. Las mejores revistas y catálogos, prácticamente inencontrables en el resto del mundo, están allí. Es verdad que resulta muy caro adquirirlos, pero merece la pena hacerse con ellos por lo exclusivos que son. El último grito en estos momentos lo protagoniza la tribu de las chicas *gunguro* (caras negras), adolescentes consumistas y contestatarias, cuya mayor aspiración es poseer un complemento de lujo como un bolso de Prada o un saco de Vuitton. Su aspecto es increíble: se tiñen el pelo de platino o de zanahoria y se pintan las caras con maquillajes oscuros resaltándose el contorno de ojos y labios con barras blancas, de ahí el apelativo *gunguro*. Su motivo de inspiración es la estética hawaiana. Mira, ya sólo por el hecho de recorrer las calles de Tokyo vale la pena el pesado viaje en avión desde España. Me encantaría que me enviaran más a menudo allí pero mi especialidad es

U.S.A., soy una verdadera experta en Nueva York. Me conozco la Gran Manzana al dedillo y tengo una libreta de direcciones que vale un potosí.

—Pero al final —objeto— los diseñadores de todo el mundo acabáis yendo a los mismos sitios.

—Sí y no. Es verdad que hay lugares muy trillados como los Gap, los Banana, el tramo entre la 57 y la 75 de Madison, el mercadillo de los sábados y los domingos en la confluencia de la Sexta y la calle 25 y también la Séptima, pero luego cada uno tenemos nuestras direcciones secretas que no revelamos a nadie y que guardamos como oro en paño.

Pienso en mis lectores y me decido a presionar, ellos merecen saber cuál es la ruta que los diseñadores de Zara siguen tras las huellas de la inspiración. Y puesto que hemos dejado en un rincón de Sabón un castillo de muestrario de tejidos en malabar equilibrio a la espera de que nos decidamos por una horma que lo transforme en algo concreto, cumple darse cierta prisa.

En un descuido de Gadea me entero de que en Zara las precolecciones se hacen con un año de adelanto.

Ruta de un diseñador de Zara

A

Lo primero de todo: pasar por el Wagon Lits Zara y concertar las características del viaje. Los responsables del departamento se encargan de buscar las ofertas y de tramitar las reservas de hotel y avión.

Antes, en los primeros tiempos, no existían las dietas, se pagaba lo que la gente que iba de viaje se gastaba, ahora ya no.

Hubo excesos flagrantes y en caja optaron por el sistema imperante en todas las empresas. Según el país se elige un hotel u otro. Por ejemplo, en México el hospedaje no debe tomarse a la ligera. ¿Qué haría Amancio cuando le avisara la policía del rapto de un miembro de su equipo por haberlo alojado en un sitio poco recomendable?

B

Una vez están los billetes de avión en poder del viajero y compuestos los equipos (a lo sumo dos o tres personas), empieza el periplo. Los billetes invariablemente llevan la indicación de clase turista. Desde José María Castellanos, vicepresidente de la compañía y persona de confianza de Amancio, hasta el último diseñador recién incorporado a Zara, juan pueblo vuela en turista, excepto cuando van en el Falcon 900, segundo avión privado en el haber de Ortega, pendiente en estos momentos de la adquisición de otro más moderno. (Y ya lo ha hecho, creo recordar por una breve notita en la prensa, y para que siga rentando, cuando Amancio no lo utiliza, lo suele alquilar a compañías privadas.) En sus frecuentes desplazamientos a Madrid, Castellanos rara vez encuentra un chófer aguardándole en Barajas. El vicepresidente de Inditex se pone en la cola de taxis, se mete en uno de ellos cuando llega su turno y desaparece.

Por cierto, que sobre la flota de coches-taxi que la empresa utiliza para traer y llevar a visitantes o empleados desde Sabón a Alvedro, el aeropuerto de La Coruña, corre un rumor digno de la mente calenturienta de Edgar J. Hoover, ex director de la C.I.A. Me lo contó Pucho Diz, quien a su vez lo oyó en una cena de zaritos. Dice Pucho que ha corrido la voz de alarma de que en esos automóviles hay camuflados micrófonos ocultos para grabar las conversaciones de los visitantes y empleados. En fin, un chisme digno de Perote y de la red chapuza de espías del C.S.I.C.

C

Ya en el país de destino (puede ser Italia, Francia, Inglaterra, Japón, India, China, Alemania, Estados Unidos o México, si bien Nueva York, Londres, Milán y Tokyo son los puntos de atención actuales) el equipo se dispone a trabajar sin pérdida de tiempo. Las órdenes recibidas invitan a comprar todo aquello que pueda ser de interés para la empresa: camisetas, pañuelos, revistas, chaquetas, pantalones, bolsos, cinturones, *flyers*, catálogos, carátulas de CD, postales, pósters, cartas de menús, tarjetas de visita...

Siempre hay visitas obligadas pero la de los mercadillos de las grandes urbes figura en el orden de prioridades. A menudo los estudiantes de diseño tienen puesto fijo en los rastros, y de hecho, emporios comerciales como Mango, han nacido del mercadillo. De estas grandes extensiones destartaladas y eclécticas interesa más que nada la información que proporciona al visitante. El usuario-tipo del mercadillo por lo general es una persona de entre veinte y cuarenta años a quien le divierte pasar las mañanas del sábado o del domingo revolviendo entre prendas de segunda mano, abalorios, zapatos de plástico, pañuelos e informarse de todas las novedades que se van poniendo de moda sustitutivamente: cuellos de visón, extensiones de pelo, plumas apaches, piojos para colocar en la cabeza... Las maletas de los zaritos deben volver llenas, y sobre todo han de traer de sus escapadas ideas interesantes, frescura, vanguardia, raptos de intuición, hallazgos inspirados y, más que ninguna otra cosa, previsiones de tendencias según lo visto.

A primera hora de la mañana el equipo viajero se reparte el trabajo y cada cual toma su rumbo. Hay que entrar en todas partes y memorizar, no sólo cómo va vestida la gente sino también cómo están decoradas tiendas, restaurantes, bares, librerías, galerías de arte, garitos alternativos, qué gente está en cada sitio, cómo visten, cómo se comportan, qué tejidos y estampados o qué largos y cortos predominan en los atuendos, de qué se habla, qué leen, qué referencia cinematográfica y musical está presente en el ambiente, qué eslóganes utilizan. La onda juvenil es tremendamente importante, todo cuanto los jóvenes hacen, dicen y piensan interesa a Zara.

D

Los destinos de elección de cada diseñador son libres, pues Zara da un amplio margen de confianza a sus trabajadores. Esta manga ancha de la empresa y el generoso despliegue de medios técnicos y económicos son, según la competencia, las dos cualidades más envidadas. Dejar a la gente trabajar y encima no escatimar medios para que lo hagan bien. ¿Qué más se puede pedir?

Por lo general, los diseñadores recorren sus rutas habituales, enriquecidas con los hallazgos de compañeros que han estado en viajes anteriores. Todos los descubrimientos de un zarito, procedan de la fuente que procedan —del espionaje, el chivatazo o el hallazgo fortuito—, son bienvenidos.

El equipo de trabajo que el diseñador lleva consigo consiste en una máquina fotográfica, una cámara digital —al final del día le duele el dedo de tanto disparar fotos de escaparates, anuncios, personas, tenderetes, etcétera—, una agenda con direcciones y espacio suficiente para realizar sus anotaciones personales y un plano de la ciudad donde se encuentra, si es que no se la conoce ya de memoria.

E

Después de un leve descanso, transcurrida la jornada, hay que volver a salir obligatoriamente. Y cuidado con que la máquina de fotos se quede arrumbada en el hotel, pues si hay sitios de auténtica moda, éstos no son otros que discotecas, bares de copas, bistrós y sitios de ambiente. La fauna de la noche: punki, retro, moderna, *rave*, new age, hippy, minimal, drag queen o bakaladera se da cita pasada la medianoche, a la hora de los vampiros, entre haces de láser, jaulas de taparrabos y tangas en exhibición. A esas horas en que los brebajes alcohólicos, las pastillas y las drogas acolchan las conciencias, es fácil venderle a los zaritos un pantalón o una camiseta estrambótica con cierta premura. En la noche, ya se sabe, todos los gatos son pardos. Para Gadea, sin embargo, se ha generado demasiada leyenda en torno a fortuitas compras de Zara a la gente de la calle. «Lo que sí es cierto, es que si vemos a un compañero con algo que llama la atención o nos divierte por algún motivo especial, se lo pedimos para copiarlo. Admito que alguna vez hemos asaltado a gente que no conocíamos de nada con la propuesta de comprarle algo que llevaba puesto, pero no es lo habitual, insisto.»

F

Con las maletas engordadas por las compras, los viajeros vuelven a casa exhaustos. Ya de vuelta en Sabón lo primero que hacen es intercambiar impresiones con los compañeros que han estado de viaje en otra parte del mundo. Todavía atiborrados de inspiración, examinan con cierto detenimiento los avances de las pasarelas, comentan los rumores oídos, vacían literalmente las revistas de moda, analizan las tendencias y luego se reúnen con los patronistas para empezar a trabajar con todo el material y sus propuestas. Es entonces, después de una sesión de tormenta de ideas, cuando surgen las líneas que se trabajarán en las colecciones. Otro tanto sucede con accesorios y zapatos y en cada una de las tres secciones de Zara (señora, caballero y niño), cuyos equipos interdisciplinares (patronistas, diseñadores y comerciales) funcionan en una sincronía perfecta.

La forma de trabajar en Zara, según Gadea, está más en consonancia con la industria europea que con la americana. En Estados Unidos la mayor parte de los diseñadores desconoce el proceso de confección, cosa que no ocurre en Zara. «En Zara —opina ella—, la moda se concibe como un proceso industrial, nunca se pierde de vista el objetivo último para el que se hace, que es, en definitiva, para vender.» Sin embargo, ciertos vicios de la competitividad norteamericana están contagiando peligrosamente a los muchachos de la polis. Por ejemplo, la obsesión por el trabajo, la exigencia de ganarle puntos al de al lado con logros propios, personales, y no de equipo, la obsesión por brillar con luz propia y estar muy cotizado para que se te valore en función de tu productividad. Los yuppies se extinguieron en los noventa pero en su maceta han germinado los maníacos de la productividad, los *bobos* (*bohémien bourgeois)*, una nueva fauna en apariencia inofensiva pero mucho más agresiva que sus antecesores generacionales.

Por fin, Gadea ha decidido que nos tomemos un respiro para comer algo. Me duelen las piernas pero sobre todo me duelen los ojos de tanto fijarme en lo que hay que fijarse.

—¡Qué espanto! —me quejo—, es imposible mirar a nadie sin examinarle de arriba abajo.

—Sí pasa —admite ella—, pero por deformación profesional nunca desconectas, siempre estás pensando mira qué bolso más estupendo lleva esa tipa o qué pantalones más increíbles lleva ésa otra, sientan bien por ese bolsillo de parche o por ese corte alto de cintura o yo le cambiaría esto o aquello.

—¡Qué aburrimiento!

—No, no —me contradice Gadea—, no es en absoluto aburrido. Los impulsos creativos, créeme, están llenos de curiosidad.

Mi curiosidad se ha agotado por saturación. Ahora necesitaría un masaje de pies y un arroz a la paella en un chiringuito con un rayo de sol taladrándome el colodrillo. Si por lo menos tuviéramos tiempo para hacer una parada en el Moma...

Según Gadea el éxito está en el uso de la información, quien sabe leer entre líneas se apunta el tanto. «De todas formas —dice ella—, en cantidad de ocasiones los patronistas reinterpretan los hallazgos de los diseñadores. Lo hacen porque son los encargados de invocar el espíritu comercial de la moda. "Muy interesante esta idea —admiten—, pero en cuanto una mujer se vea con el culo expuesto a la mirada del mundo en toda su inmensidad no se lo va a querer comprar y si bajamos dos centímetros escasos el falso, entonces...".»

Las mujeres pájaro de Issey Miyake, los avestruces de Gaultier o las trogolodítas de Demeulemeester se quedan para las pasarelas. En la vida real abundan los ciudadanos que trabajan en una frutería, un taller mecánico, una oficina, su casa, un ambulatorio o una redacción de periódico y a éstos, los avestruces, los pájaros y los trogloditas les gustan sólo para verlos en las revistas y hacer comentarios, pero para nada más.

—Yo lo único que sé es que tengo hambre y sed y no pienso volver a comprar nada hasta el año que viene —opino derrotada y con ganas de volverme a casa.

—Eso lo dices ahora pero verás que pronto te recuperas.

Gadea tiene razón, ¡y cómo incordia admitirlo! Ha bastado la hora de descanso, el tentempié del almuerzo y la cerveza rubia que me he metido entre pecho y espalda para que recupere las ganas de callejear y de paso las de comprar. ¡Qué triste la condición humana, tan consumista, tan ansiosa por rellenar el vacío con más vacío!

«No corras, ve despacio, que a donde tienes que ir es a ti solo», remarca nuestro Nobel Juan Ramón en dos inspirados versos, para luego señalar que es como un niño distraído arrastrado de la mano por la fiesta del mundo: «Los ojos se me cuelgan tristes de las cosas... Y qué dolor cuando me tiran de ellos».

Después de patearnos el Soho y de programar la visita para mañana a los mercadillos anunciados en las páginas *New York Times* y en las revistas *New York* y *New Yorker*, tomo la decisión de abordar un tema aplazado: ¿fusila Zara, como acusan los que se manejan por el mundo de la moda esgrimiendo que se aprovechan del trabajo ajeno, o se limita a inspirarse igual que hace todo el mundo, tal y como sostiene la empresa?

Los buenos oficios del departamento Jurídico, a cuya cabeza figura Antonio Abril, han conseguido que no trascienda a los medios de comunicación españoles los pleitos y denuncias que le han interpuesto a Zara por fusilar prendas de diseño. En Francia la opacidad no se ha podido mantener tan íntegramente como ha ocurrido en España o Portugal a causa de las severas leyes francesas de protección a sus marcas y productos. Clara recuerda las redadas de la policía francesa en la tienda de L'Opera de París: «Al principio ocurría con cierta frecuencia. Llegaban, efectuaban un registro, incautaban las prendas que estaban buscando y se iban por donde habían venido».

Solange Berthu me ha contado que en un espacio de la televisión francesa parecido a Línea 900, un programa de denuncias, entrevistaron a una diseñadora francesa que se quejaba de que un diseño suyo, tal cual, con el mismo tejido y las mismas características, estuviera en las estanterías de las Zara por un precio sensiblemente inferior al que ella disponía en sus etiquetas.

En el libro de Luciano De Crescenzo *Historia de la filosofía Griega*, publicado en España por Seix Barral, el autor cuenta en el capítulo final el caso de un abogado italiano encargado de defender a un tal Expósito de la acusación de estafa y falsificación de marca comercial. El fulano vendía en la calle por 2.500 pesetas bolsos de imitación de Louis Vuitton que en las tiendas originales costaban veinticinco veces más. El abogado arguye en defensa de su defendido, que para que haya estafa es imprescindible el engaño y que en este caso el cliente sabía perfectamente que se trataban de bolsos LV perfectamente imitados, pero en el caso de que no lo supiera, el verdadero estafador era él por comprar por 2.500 pesetas un objeto que en el mercado costaba casi 50.000. Ahí no queda la cosa, el abogado ataca la segunda acusación de falsificación con un irónico e incisivo alegato: «El antojo de la firma —dice— puede ser considerado una degeneración consumista de nuestro siglo. Hoy en día, la estupidez humana, y pido perdón por la crudeza del término, lleva a comprar cualquier cosa con tal de que esté debidamente firmada... El señor Louis Vuitton de París un buen día pensó: "Ahora yo fabrico miles de bolsos de plástico, les pongo mis iniciales, y luego los vendo diez veces más caros: ¿apostamos a ver cuántos estúpidos se los compran?"... Yo afirmo que si un individuo ha conseguido convencer a miles de personas de que un bolso de plástico, aunque esté recubierto de monogramas, es mejor que un bolso de piel, quiere decir que este individuo ha reducido a un estado mental de sumisión a sus propios clientes, y por lo tanto, fortalecido por esta deducción, acuso de plagio al señor Louis Vuitton de París».

La falsificación y la estafa están penadas por las leyes, no así la copia. Un bolso de Prada puede ser perfectamente «motivo de inspiración» de uno de Zara porque no induce a engaño ni a error. El cliente sabe perfectamente que lo que se está llevando cuando paga las 4.995 pesetas es el bolso de Zara copia del de Prada. Y cuando lo compra, renuncia a la exclusividad y al glamour que los poseedores de «un verdadero Prada» sienten cuando van por la calle exhibiendo su riñonera rotulada. Al menos así, estimo, deben pensar los clientes de Prada, de otra forma no pagarían setenta veces siete.

Cierta encargada de una Zara madrileña me decía hace poco que ellos nunca habían negado que copiaran, «claro que copiamos, igual que todo hijo de vecino, pero no fusilamos. Lo que no hacemos es coger algo tal cual y calcarlo, pero copiar sí, porque eso lo hacen todos». La jefa de redacción de una revista de moda sostuvo en el transcurso de una conversación que no entendía muy bien las críticas de ciertos diseñadores españoles a Zara: «Los acusan de copiar y robar ideas cuando ellos son los primeros en mirar hacia aquellos a quien pretenden parecerse. Mejor en estos casos es mantener la boca cerrada». «Sólo los genios inventan y tiran del carro —opinó Florian durante nuestra cita parisina—, los demás van pegados a la rueda de sus genialidades siguiéndoles, pero no hay que olvidar que todos, sin excepción, han necesitado de la tradición para estar donde están.»

Gadea reconoce que antes fusilaban mucho más. En el momento actual se inspiran en los diseñadores más deseados por el gran público e imitados en el gremio (en este momento arrasan los americanos e italianos en el mercado internacional, en España siguen gustando mucho los españoles, franceses e italianos). «Y a veces —sostiene— incluso hemos mejorado el modelo porque el original no acababa de sentar bien más que en cuerpos perfectos, los cuales, por cierto, no abundan. Tenemos un equipo de patronistas buenísimo, sin duda, los mejores del país.»

El inventor del *ready made*, Marcel Duchamp, logró colocar un inodoro corriente y moliente en el museo Georges Pompidou de París. Luciano de Crescenzo, en el libro ya citado, pone en boca del abogado Tanucci la anécdota de que en los años cincuenta el pintor Piero Manzoni consiguió vender sus propias heces guardadas en cajas rotuladas con la frase: MIERDA DE ARTISTA.

—El mundo de la moda —reconoce Gadea— puede llegar a entontecerte si no andas con cuidado. Está lleno de superficialidad, estulticia, provocación y soberbia. Dicen los entendidos que Versace inventó a las top model y con ellas el mercadeo ganadero. La célebre frase de Linda Evangelista «yo no me levanto de la cama por menos de un millón» resume este espíritu fatuo y engreído que desde entonces circuló por las pasarelas. Hace poco leí unas declaraciones de Laetitia Casta en la revista *Telva* donde ella se preguntaba: «¿Por qué todo el mundo me trata como una estrella si mi único mérito, entre comillas, es que he nacido guapa? Si tuviera algún talento, si hubiera hecho algo extraordinario… lo podría entender, pero ¡por favor, que no soy ningún Premio Nobel!».

—La moda también es una fuente de conocimiento o cuanto menos de conocimiento superficial —puntualizo—; por ejemplo, el tipo de ropa que una persona lleva o no lleva, porque también no llevarla es indicativo, proporciona mucha información al ojo ajeno.

—Estoy de acuerdo, pero el problema surge cuando ese

conjunto exterior está en disonancia con el verdadero ser de la persona. Entonces el follón es tremendo. La moda tiene mucha parte de divertimento, de juego de camuflajes y, por lo mismo, puede inducir a meteduras de pata garrafales si tomamos al pie de la letra la idea de que nos vestimos tal cual somos.

—Ah, pues de eso no han debido de enterarse más de tres jueces españoles.

—Porque hay personas muy obtusas. Si alguien ve por la calle a un pobre arreglado, aseado y oliendo a jabón, enseguida piensa: «Sí hombre, te voy a dar una peseta, si estás tú para dármela a mí», de modo que para ser pobre hay que tener aspecto de pobre. No te digo nada ya si eres mujer para ganarte el respeto de los hombres...

—Dicen las malas lenguas que los diseñadores sois como una secta.

—Lo dicen porque la mayoría de gente que trabaja en diseño no es de aquí. Aterrizan en La Coruña sin conocer un alma y se aferran a lo próximo. Además no tenemos tiempo para nada, de modo que difícilmente podríamos hacer amistades salvo que pusiéramos todo nuestro empeño en hacer relaciones ajenas a la moda. ¿Entiendes ahora por qué hay tantas bodas entre zaritos? Una práctica, por cierto, que no gusta en absoluto en la empresa. Imagínate que por ce o por be uno de los dos va a la calle.

—Conflicto a la vista.

—Y por la misma razón, porque no hay tiempo para relacionarse, también el número de divorcios ha aumentado alarmantemente en nuestras huestes.

—Si fuera únicamente en Zara... Los españoles le hemos cogido muy pronto el gusto a divorciarnos después de pasar por la vicaría. Por cierto: de bajas por depresión, estrés y baja autoestima, ¿cómo andáis?

—Uy, últimamente muy surtidos. Incluso los hay que con un trabajo creativo, bien remunerado y la consideración personal del jefe se largan al paro. Increíble, ¿verdad?

—Pues tal como está el mundo hoy, francamente sí.

—Créeme, Zara es un poco como una droga, te está matando pero al mismo tiempo te encanta.

—¡Qué peligro!

DE OFICIO PATRONISTA

Dejo a Gadea en el hotel asignado por el departamento de Viajes y ya de vuelta a La Coruña, me encuentro con que tres enemigos declarados del móvil han bombardeado mi contestador con sus mensajes.

En realidad, ser free-lance no tiene nada de interesante, digan lo que digan. Y si no véase el contenido de los mensajes: el primero era de una empresa de organización de congresos, me pedían presupuesto para una reunión —algo local, decía exactamente la persona que llamó— sobre adiestramiento canino. El segundo era de mi madre, anunciando que ya le habían puesto las cortinas nuevas de su casa y que no intentara localizarla en dos días porque se iba a Sevilla a explicar la exposición de Zurbarán a un *totum revolutum* de mujeres. El tercero volvía a fatigar un tema antiguo: ¿qué pasaba con el prometido reportaje sobre eliminación de residuos farmacéuticos?, ¿para cuándo?

Después de una noche de duermevela abro el ojo y constato que estoy en mi piso de la *Casa de té de la Luna de agosto*. ¡Qué alivio! Tanto trajín de viaje me traía de cabeza. Además hacía días que no tenía tiempo de abrir un libro y como soy animal de costumbres echaba en falta mi otro alimento. Ahora ando metida con Tolstoi. Sigo con mucho interés los avatares del rural Levin y el frívolo príncipe Oblonsky. Hace como veinte páginas que Ana Karerina por fin ha sucumbido al acoso de Vronsky, algo ya esperado desde las primeras cincuenta páginas.

Evidentemente, en este momento lo interesante no es el caballo de Vronsky, sino seguirle la pista a los patronistas de Zara. Ya tengo la maleta preparada para el viaje virtual por las fábricas de Zarápolis y si Dios me da salud, el martes he apalabrado unos percebes en Corcubión, donde voy a entrevistar a una cooperativista de cincuenta y nueve años que no tiene ni medio pelo en la lengua.

Por lo visto la principal cualidad de un patronista de Zara es conocer pero que muy requetebién el oficio y tener un olfato de sabueso. Hoy en día las máquinas lo hacen todo, pero el bagaje de cada persona resulta un valor añadido porque la máquina sola, aun cuando sea un prodigio tecnológico, no aporta soluciones. Cada vez que un patronista realiza su trabajo, se pone en movimiento un proceso en cadena. Comienza con la confección del patrón según el modelo proporcionado en diseño y el tejido asignado por comercial. Luego el equipo de veteranas —mujeres que llevan en la empresa muchos años y saben un poco de todo, además de coser— confecciona la primera muestra. Las veteranas visten de bata blanca y sólo se puede contar con ellas de ocho de la mañana a cuatro de la tarde. Enseguida las sufridas probadoras son requeridas para lucir el palmito y ser sometidas a un escrupuloso examen de «a ver cómo sienta esto, si no hay que subirle unos centímetros, quitarle la pinza, agregar un cinturón o…». (Ojalá que no nos toque trabajar con fulano, piensan las criaturas. Fulano es capaz de repetir hasta ocho veces cada uno de sus patrones hasta que le queden perfectos.) Mientras tanto el tejido se ha mandado a fábrica. Pero la orden de corte no llegará hasta que el jefe, Amancio Ortega, haya dado el visto bueno al patrón definitivo. Y según qué casos, así sea de meticuloso el patronista, la fábrica puede aguardar hasta tres días por el encargo.

Los patronistas de Zara son muy codiciados por la competencia. Cierto que la empresa lo sabe, pero al igual que en otros departamentos con valor añadido —aquellos donde la gente está en contacto con información privilegiada— la consigna imperante obliga a tratar cada caso de manera particular.

Nadie sabe cuánto gana el de al lado, el de enfrente o el de la planta de abajo, ni mucho menos el compañero recién incorporado al equipo. Hasta en la publicidad de Inditex se menciona expresamente que no se rechazarán ofertas por motivos económicos o falta de experiencia. La experiencia bien pronto se adquiere; en cuanto a la remuneración, se concibe como un feed-back, depende de cuánto vayas a proporcionarle tú a la empresa para que ésta esté dispuesta a darte a ti. Una premisa que Zara ha seguido a rajatabla en sus veinticinco años de vida. Tampoco importa la edad: un joven de veintiún años puede entrar ganando tres veces más que un empleado de su misma categoría con dieciséis años de antigüedad en la empresa.

El talento y las capacidades creativas son muy valoradas, máxime cuando la cadena se encuentra concentrada en el segmento joven de la sociedad. En este caso la savia nueva resulta imprescindible.

Para entender el organigrama de Zara se debe conocer antes su filosofía de trabajo. En Zara no funcionan esas divisiones verticales como matriuskas rusas encajonadas unas dentro de otras, tan cómodas, por otra parte, para tirar la pelota al de arriba y librarse de responsabilidad en un higiénico lavado de manos. Si la cadena no se atasca es porque cada uno en su labor se las compone como puede por ser extremadamente competente. ¡Qué jaleos se organizan cuando la encargada de introducir las medidas de corte en el ordenador se equivoca y la tela se corta defectuosamente o se desaprovecha! Tan importante puede ser esta metedura de pata como defender contra viento y marea una línea de diseño que luego fracasa estrepitosamente en el mercado. A cada uno su porción de responsabilidad.

Pero apostar por la horizontalidad también tiene sus ventajas, según afirma el director de comunicación de Inditex, ya que difumina las barreras de Arriba y Abajo y permite que una vendedora cualquiera pueda acceder directamente, si lo necesita, a cualquier persona de la cúpula directiva. Claro que en esta mentalidad llana y democrática ha influido la procedencia social de sus fundadores, porque la familia cree más que nadie en lo que hace y en lo que oferta al cliente.

Hasta hace sólo unos cinco años Amancio Ortega iba periódicamente los sábados a sus tiendas de La Coruña para ver cómo marchaba el negocio. Era una costumbre que no intimidaba a nadie. «Le veíamos aparecer por la puerta, saludar a unos y otros, dar una vuelta y marcharse. Ahora ya casi no viene», comenta una empleada.

Pero sigue siendo una escena cotidiana ver a la viuda de Antonio Ortega, Primitiva Renedo, una mujer a quien Zara debe muchos de sus primeros impulsos, acercarse hasta la tienda de Torreiro, preguntar a su persona de confianza qué puede haber para ella y llevarse su ropa como cualquier anónimo cliente, después de haber charlado amigablemente con la dependienta, preguntarle por su familia e interesarse por lo que ocurre en el pequeño microcosmos de la tienda.

Cuando se tiene entre las manos el lujoso catálogo de Zara de 2000, por citar un ejemplo, uno se pregunta: ¿Cómo demonios casan estas imágenes cosmopolitas transitadas de hermosos maniquíes, rascacielos, limusinas y taxis amarillos, unas imágenes que pueden repetirse en al menos una quincena de países, con las distintas mentalidades, culturas, climatologías y necesidades de los clientes a quienes va dirigida esta publicidad?

La respuesta figura en los manuales de marketing: el grupo ha diseñado una estrategia global pero actúa de forma local, de ahí el éxito. Cada día los mercados son más homogéneos y, como los gustos por imposición del mercado tienden a homogeneizarse —es la pescadilla que se muerde la cola—, las ofertas redundan en más de lo mismo. La calle más comercial de Amberes, salvo en su estética arquitectónica, pocas diferencias presenta con el resto de las otras ciudades europeas: escaparates de Benetton, Zara, Casa, Esprit, Kokai, Massimo Dutti..., eso es cuanto cunde en todas partes. Las grandes arterias comerciales europeas parecen réplicas las unas de las otras. Zara quiere que sus tiendas sean empresas del país donde se ubica y, salvo por el detalle minúsculo de que se trata de una empresa española, lo demás parece de color local. Ésa es la razón de que no hayan querido colocar en sus etiquetas el logo del Peregrín promocionando en el mundo el Año Santo Jacobeo, último del milenio. No quieren compromisos, asimilaciones o identificaciones externas. Si los argentinos creen que Zara es de Argentina mejor que mejor y si también lo piensan los ingleses, miel sobre hojuelas. Entonces el objetivo se habrá conseguido al ciento por ciento.

Ahora que caigo, tenía pendiente explicar por qué la ropa de Zara resulta diferente en unas tiendas de otras, incluso en la misma ciudad. Pues bien, Diego Copado insiste en que las colecciones son para todos los países y ciudades iguales, no hay colecciones exclusivas para Polonia o para México ni tampoco para Norte América o los Emiratos Árabes. Zara no diversifica. Lo que funciona en Pedi Sur se vende asimismo en las Zara israelíes, en la de Copenhage y en Burgos. Algunos pequeños ajustes siempre hay que hacer pero por motivos concretos como un tallaje especial para Japón y el mercado asiático debido a las características físicas de los japoneses, más bajos por término medio que europeos y americanos. Asimismo existen una serie de factores externos que distorsionan esta realidad y que podríamos resumir en:

– *El sentido común*: ¿para qué llenar los percheros de Tenerife de prendas de abrigo y gordos anoraks michelin?

– *La situación de la tienda*: ¿qué tipo de clientela acude a comprar?

– *El termómetro del cliente:* ¿qué busca, qué pregunta, qué mira, en qué clase de prendas se demora el cliente que atraviesa la puerta de Zara?

– *La cultura del país y sus costumbres*: ¿para qué insistir en envíos de transparencias femeninas a Dubai?

Y después de este paréntesis, vuelvo a los patronistas. Estos profesionales aportan a la casa la sabiduría de la sensatez. Su experiencia les obliga a echar jarros de agua fría sobre las geniales ideas de los diseñadores. Conocen como nadie el cuerpo humano y saben qué efecto no deseado producirá «la estupenda idea del diseñador» que, entusiasmado con su hallazgo, no ha reparado en consideraciones morfológicas. Los patronistas son esos magos capaces de inventar soluciones presentes «en el aire» concebido por los diseñadores. Aparte de esto, patronistas, comerciales y diseñadores de Zara trabajan en un equipo cohesionado. Esta forma de intervenir unos y otros en el trabajo ajeno, exige que el lugar donde se desarrolla la actividad laboral no sea un lugar cerrado, aislado del de los demás por compartimentos estancos, sino un hábitat común. De ahí, la distribución del espacio.

En mi primera visita al edificio de Goa, donde estaban hasta el verano de 2000 los Servicios Centrales de Inditex, tuve una experiencia parecida a la de esos programas de televisión en que el concursante es guiado por una voz que le anuncia, en un primer momento y de una vez, todos los obstáculos que va a ir encontrando en su camino hasta alcanzar el plató donde aguarda el mamarracho del presentador.

Me tomaron los datos en la cabina de seguridad y luego amablemente me dijeron: suba esa rampa, doble, busque una puerta (no recuerdo de qué color), atraviésela, coja el pasillo de no sé dónde, suba la escalera y pregunte, allí ya harán algo por usted. Subí, doblé, crucé, pasé, volví a subir y creí que aquello era el polo norte de lo gélido que parecía el ambiente. No, no era por la calefacción, sino por esos techos y paredes de sanatorio para tuberculosos.

En el vestíbulo de la entrada, unas chicas atareadas, sentadas delante de unos relojes con todas las horas posibles, atendían las llamadas de teléfono; a pocos metros de este parapeto telefónico, el laboratorio de diseño. ¿Que qué se ve en este secretísimo lugar? Nada en verdad realmente interesante. Lo de todos los sitios donde se diseña: ordenadores, máquinas, papeles, ropa, bolis, cuadernos de Zara y jóvenes y menos jóvenes que no están disciplinadamente sentados en actitud de oficinistas, sino que entran y salen a otras estancias igual de desangeladas. Como una corriente que fluye.

Se me hace tarde, de modo que yo también voy a fluir. Me espera Uxía en Marcadas.

Rumbo a Marcadas

Uxía odia a Zara.

—Sí, sí, la odio, para qué voy a decir lo contrario.

—¿Y eso por qué?

—Porque son unos chupatintas y estoy hasta el cogote de contratos de un mes. ¿Sabes cuánto tiempo llevo así?

—Cómo quieres que lo sepa si acabo de conocerte.

—Ocho años.

—A decir verdad, me parecen muchos.

—Pues figúrate a mí. A la gente de las fábricas nos consideran el submundo y, para que quede claro de dónde venimos, nos colocan unos mandilones de colores según la fábrica a la cual pertenecemos. La última que cuentan por ahí es que nos van a quitar de en medio del comedor de la nueva nave, reservada sólo para los importantes, no vaya a ser que contaminemos el ambiente con ese feo olor obrero.

—Lo de los mandilones, a mi entender, no tiene gran importancia, será una cuestión de orden práctico, mujer.

Desde los primeros tiempos de Zara el personal de las tiendas va uniformado, salvo el encargado/a y sus segundos de a bordo. Éstos se pueden vestir como les dé la gana, siempre y cuando sea ropa de la casa y se compren en la tienda su equipo de temporada. Al encargado no le regalan ningún traje, mientras que sus subalternos tienen derecho a dos trajes de elección por cada temporada. En las fábricas y almacén ocurre otro tanto. Hace aproximadamente siete años se implantó en el almacén el sistema de sudaderas por colores para distinguir cada sección. A simple vista puede saberse el departamento al cual pertenece el trabajador por el color de su sudadera: roja para carga, verde para devoluciones, azul para paquetería, naranja para confección y amarilla para exportación. Igual ocurre con el mandilón de trabajo para las trabajadoras de cada fábrica.

Uxía frunce el ceño.

—¿Por qué será que todo el mundo se vuelve comprensivo tratándose de Zara, hasta los de Comisiones? En un artículo leí que uno de estos mamelucos decía que por lo menos no se refugiaban en el trabajo clandestino y que exigían a las trabajadoras de las cooperativas que cotizaran a la Seguridad Social. Lo que hay que oír. ¡Menudo santo, Ortega y compañía!

—Entiendo tu cabreo, Uxía —mi intención no es levantarle un altar a Amancio Ortega y colocar entre cirios y calas su retrato en muestra de veneración—. Comprendo que para alguien como tú que trabaja mes a mes con la incertidumbre de si va a volver a trabajar, carente de derecho a vacaciones y de otras tantas ventajas de los fijos, la situación no le satisfaga en absoluto, pero comprende tú que en una valoración global, Ortega, como empresario, salga bien parado. También él salió de la nada y fíjate dónde ha llegado, no le han regalado nada.

Uxía salta como una leona:

—Pues por eso mismo debería ser más justo y no permitir las flagrantes injusticias que se cometen en las fábricas. Debería controlar mejor a su personal de confianza y estar al tanto de las corruptelas y clientelismos. Pero eso es como pedir peras al olmo. Lo que a Ortega le interesa son resultados y no cómo se obtienen los resultados. Esas pequeñeces las deja en manos de sus peones, y esos jefecillos de mentira, sabiéndose autorizados, se aplican a practicar con toda la desfachatez del mundo el favoritismo. Mira, un ejemplo —apunta Uxía—: las horas extras no son obligatorias en teoría, claro, porque en la práctica sí lo son y como tienes un contrato mensual, los fijos pueden decir no porque no están obligados a hacerlas si no quieren, pero atrévete tú... Tú puedes ser una inútil pero siendo del pueblo de la jefa o de la familia de la jefa... Hay pueblos enteros, como Mellid, trabajando en Zara. El alcalde, si fuera un tipo agradecido, debería erigirle un busto a Amancio Ortega en mitad de la plaza del pueblo.

—Consuélate, mujer, eso ocurre en todas partes, la tendencia natural es a colocar a los tuyos antes que a los demás. Es humano.

—¡Pues menudo consuelo, lo que me importará a mí que la práctica esté extendida!

Trataré de prescindir de los lugares comunes por muy ciertos que éstos sean. Me he dado cuenta que hablar de ellos sólo consigue molestar a mis interlocutores.

—¿Podemos hablar del engranaje? —pregunto cauta.

Uxía me exige un alto. Necesita ir a ese sitio donde las mujeres solemos ir de cuatro en cuatro. «Pídeme otro mosto, por favor», dice cuando pasa por mi lado.

Ya de vuelta, y como tiene prisa por recoger a los niños del colegio, va directa al grano:

—Empezaremos por los traspalés que llegan a la fábrica cargados de resmas de telas. Diseño ha proporcionado un corte y éste lo hemos llevado a un sitio concreto donde hay unos cuatro o cinco *m-plot* y también unos cuantos ordenadores y donde se va a efectuar la operación de la marcada poniendo el mayor cuidado en no desperdiciar un centímetro de tela. El proceso es completamente automático y preciso. Una vez concluida la maniobra, el *m-plot* saca un papel escrito por un lado con la talla, modelo y todas las características de la prenda. Este papel es remitido a fábrica.

»En la fábrica, la tela estirada en carros se pasa por unas mesas deslizantes próximas a robots que van a ejecutar las órdenes de corte. Según la dimensión de las fábricas varía el número de mesas y de robots. El robot va a cortar según las indicaciones dadas al ordenador central. Colocamos encima de la tela el papel de marcadas, se estira el plástico por donde entra la tela y ésta queda tapada por el plástico. Luego la máquina la aspira. A partir de ese instante es necesario pulsar la tecla de inicialización para que automáticamente se procesen las órdenes. Terminado el proceso, los cortes quedan recogido en carros y hacemos una comprobación manual, para verificar que sean todos de la misma talla y que en cada carro atado estén incluidas las cuatros perneras, la cremallera, los bolsillos que sean, si se va a confeccionar, por ejemplo, un pantalón. Extendemos las prendas en una mesa y con una maquinita similar a la que usan en los supermercados para marcar los precios colocamos un número consecutivo en cada prenda hasta que llegamos al tope y luego vuelta a empezar. Seguidamente se coloca cada fardo etiquetado en un carro por tallas. El proceso es un poco complicado de describir, no sé si te aburres.

—¡Qué va, lo cuentas muy bien! ¿Y qué viene a continuación?

—Después la fábrica se desentiende del asunto. Los atados de tela son transportados al taller o cooperativa convenida, donde ya se han negociado los plazos de entrega y durante unos pocos días no los volvemos a ver, hasta que nos los devuelven para etiquetarlos exteriormente antes de que entren en el almacén. Luego los remitimos a almacén o bien por los tubos subterráneos o en camiones.

—¿Está especializada cada fábrica?

—Sí, más o menos. Cada fábrica atiende a lo suyo. Yeroli, por ejemplo, hace cortes de chaquetas y Denllo le hace la plancha a Yeroli. Cuando a Yeroli le falta trabajo no recibe pantalones que corta Samlor, sino ropa afín: gabardinas, tres cuartos, abrigos o prendas así. Fíos trabaja en exclusiva con camisas. También se puede hablar de una cierta especialización por secciones. Por ejemplo, Trisko hace caballero, Zintura y Goa, niño y Hampton, señora. Pero por cuestión de productividad las fábricas no están paradas y si una no tiene trabajo y otra acapara mucho parece lógico que se lo redistribuyan. También hay un continuo trasvase de trabajadoras temporales —como yo— porque a veces no se necesita tanta gente en una fábrica y sí en otra. Lo que sí es cierto, y no sé si ya lo sabrás, es que todas las fábricas de Ortega compiten entre sí; por eso entre los encargados se producen unos piques increíbles. Si la propia fábrica no es capaz de producir y rentabilizar el coste estimado por los comerciales, el trabajo se lo pueden dar a otra e incluso a una fábrica de la competencia exterior.

—¡Qué selva, madre mía!

Me cuenta Uxía que algunas fábricas del grupo Inditex trabajan ininterrumpidamente las veinticuatro horas en turnos de trabajo mientras otras se atienen a horarios concretos. Los turnos en cada una se distribuyen de acuerdo con la estrategia de producción. Para transportar a los trabajadores desde la ciudad al polígono existen unos autobuses que recogen a la gente en paradas fijas de la ciudad. Todas las fábricas en este momento se hallan ubicadas en Sabón, con excepción de las catalanas y de las de Narón, provincia de La Coruña.

Un toque de sirena indica la hora de entrada y salida de los obreros. Todos ellos están obligados a fichar. Para comer disponen de media hora, un tiempo pautado por dos toques de sirena. Antiguamente recibían unos tickets con los colores representativos de sus respectivas fábricas y por 25 pesetas extras disponían en los comedores de Inditex del plato del día, un yogur y un agua o una bebida sin alcohol. Hasta que Amancio lo cortó de cuajo existía un lucrativo comercio con los tickets de los almuerzos. Si uno quería podía ir acumulándolos y en su lugar comer de fiambrera, cosa que mucha gente hacía en los vestuarios o bien salir fuera del recinto. Cuando acumulaban los puntos suficientes, podían llegar a reunir hasta 30.000 pesetas en tickets, los canjeaban en los propios «supermercados» de los comedores por cajas de Rioja de reserva, estuches de bombones, paquetes de galletas de chocolate y chucherías por el estilo. Viendo el cariz que había tomado el asunto, se suprimió el comercio de tickets. Ahora cada uno dispone de una tarjeta personal de entrada y con ella paga también las 300 pesetas que cubre la empresa a la hora de comer.

El sabor del percebe

Para celebrar mi cumpleaños me voy a zampar en compañía de Chicha una buena fuente de percebes calentitos, con su cobertor encima preservándolos del frío. El percebe tiene que estar caliente y recién cocido, mejor con agua de mar. Pensaba invitar a mi confidente secreto a Tira do Cordel, un restaurante a pie de playa, pero me ha dicho que ella de su pueblo no se mueve, que qué se nos ha perdido a nosotras dos en la Playa de la Langosteira haciéndole el negocio a los del pueblo de al lado, ¿eh? Tampoco acepta desplazarse a Cee. A Cee menos todavía. Así que me dejo conducir.

Para no perder tiempo en fruslerías acepto que Chicha me meta en un sitio sin nombre donde un gordo muy amable me sienta al lado de una ventana. El gallego que hablan en esta zona es hermoso y dulce: sesean como los sureños, hacen geada —algo así como decir *jato* en lugar de gato— y hablan tan deprisa que casi no pillo palabra en la conversación.

Chicha tiene cincuenta y nueve años. Lleva el pelo corto, tintado en falsa caoba, y es la encargada de una de las cooperativas textiles más antiguas de Galicia. La conocí en un congreso de cooperativismo. En cuanto la abordé me dijo que *o congreso non era lugar para falar dos de Zara*, que podía visitarla en la cooperativa cualquier día y ya hablaríamos.

Dos meses después la telefoneé y convinimos la cita por teléfono.

Aquí me hallo pues, mirando con embeleso estas pezuñas anaranjadas que me ponen de tan buen humor.

—¿Puedo grabarte, Chicha?

—*Ai non, iso si que non, si todo o que vaia a dicir... non falo nadiña.*

—Era para poder comer y no estar pendiente de escribir pero no importa.

—*Ti fai como queiras, pero de grabarme nada. Pregunta e eu respondo.*

Yo quiero saber de los comienzos, me interesa el papel de las cooperativas en la vida de Zara, enterarme de si aún quedan talleres clandestinos, me interesa la razón por la que la cooperativa de Chicha trabaja con Inditex en exclusividad, quiero informarme de los términos del trabajo de una de estas empresas asociadas, con qué amenazas y miedos viven, cómo es el trabajo en la industria textil, qué servidumbres y qué compensaciones tiene, en fin, quiero saberlo todo, de aquí que Chicha mueva la cabeza en señal desaprobadora.

—¿Y cómo quieres que te resuma todo eso en la hora y pico del almuerzo? *Ti toleas, filla.*

La de veces que he debido escuchar este calificativo aplicado a mi persona. Voy a acabar siendo la *tola* en todas partes. *Tola* en castellano significa loca. Y locas prácticamente están todas las mujeres del mundo, pero más incluso las que piden resúmenes de una hora y pico para ser reducidos a su vez en una página y pico. Tal vez por eso se siguen escribiendo libros.

¿Por qué se escriben más libros? ¡Con la de libros que hay escritos ya sobre todos los temas imaginables! ¿Acaso los escritores son masoquistas? ¿No entran los escritores en las librerías? ¿No visitan las bibliotecas?

Conclusión: no lo hacen. Porque de hacerlo seguro que desistirían del empeño de seguir escribiendo.

Siempre habrá un ser en el mundo a quien le parecerá inútil y ocioso tratar de apresar en esencia todo un cúmulo de vivencias intransferibles. Alguien como Chicha, una mujer que a los treinta y muchos años, casada y con varios hijos en el mundo se planteó la necesidad de trabajar y cayó inmediatamente en la cuenta de que no conocía ningún oficio. Chicha lloraba de rabia cada noche porque no sabía coser, porque había arriesgado un préstamo de 600.000 pesetas, porque todas ellas, vecinas y amigas, se peleaban y se mandaban a sitios poco recomendables, porque Cosme, su marido, estaba embarcado y podía no volver cualquier día y entonces qué iba a ser de ella. Cada semana venía el encargado de Inditex, alguien inexperto y atolondrado como ellas mismas, quien ni siquiera sabía explicarles cómo armar la pieza que había traído para encargarles. Salían auténticos foches. Se acusaban unas mujeres a otras por sus respectivas pifias e incompetencias, a duras penas lograban echar las cuentas y por más que trabajaran no ganaban ni tres duros, tardaban una eternidad en cumplir los mínimos. Aquello era frustrante, nadie quedaba contento.

—Nuestra vida daría para escribir cien libros —dice Chicha—, pero yo estoy contenta a pesar de todo porque no dependo de ningún jefe, me saco mi dinero y ya pasó lo peor.

—¿Y por qué trabajáis la mayoría de las cooperativas de la zona sólo con Inditex? ¿No es contraproducente tener un solo cliente? ¿No habéis pensado en el peligro que supone depender sólo de una empresa para sobrevivir?

Chicha me mira desde lejos, como si mis palabras evocaran en su cabeza caoba un eco lejano y repetitivo, cuya convivencia le resultara familiar.

—*Miña rula* Zara es una apisonadora, se lo puede permitir todo. ¿Oyes lo que te digo? Sí, todo. Nuestro problema no es su problema. Nosotros no somos Zara y si no cumplimos sus condiciones, a la rúa. Así de claro. No tienen ningún compromiso ni ningún lazo de unión con nuestra empresa. Da igual que hayamos trabajado juntos quince años o un mes. Y si trabajamos en exclusiva con ellos es porque son los únicos que garantizan trabajo todo el año, los demás, por su volumen, no pueden. Eso no quita para que mucha gente de aquí cosa para otros como: Caramelo, Adolfo Domínguez, Verino y para pequeños empresarios que confeccionan ropa de trabajo y prendas deportivas.

Me asombra esa mezcla de pragmatismo y resignación con que asumen su suerte las mujeres de la Costa de la Muerte. Realmente son un mar de islas, extendidas por Galicia, el Norte de Portugal y Castilla. Continuamente abren y cierran pequeños talleres de confección y cooperativas regidas en su mayoría por mujeres, bien en calidad de socias o de contratadas. En algunas de estas pequeñas empresas hacen corte pero las más se han especializado en el montaje de prendas ya cortadas. El método habitual de operar pasa por una muestra montada que sirve de referencia al taller para el trabajo por realizar. Hoy en día ya no existen secretos para poder hacerlo. Han aprendido a marchas forzadas. En la jerarquía de una cooperativa de trabajo asociado, la encargada es quien trata con el enviado de Inditex. Representa a sus socias y compañeras y asume las condiciones impuestas por la empresa en lo que se refiere a plazos. Los pagos se efectúan religiosamente los días diez de cada mes. En este sentido no existe ninguna queja contra Zara. Jamás se han demorado en el pago.

Chicha se queja de que los precios no se incrementen progresivamente conforme el coste de la vida.

—Nos pagan igual que hace once años y eso no es justo. Nosotras, además de nuestros costes fijos, tenemos que pagar el hilo para coser. Ellos no asumen riesgos, lo único que tienen que hacer a final de mes es pagarnos y ya está. La palabra pacto no la usan nada más que para abrir negocios en otros países. Y en cuanto hacemos amago de protestar nos salen con que el mundo está lleno de pobres desgraciados dispuestos a hacer nuestro trabajo por menos de la mitad, con lo que siguen pagándonos 350 pesetas por montar un vaquero de cinco bolsillos.

Las palabras de Chicha me traen a la memoria otra charla con Clara sobre los talleres de China e India. Me contaba Clara que los chinos jamás te enseñan fábricas ni sitios de trabajo: «Todas las operaciones se realizan en pulcros despachos. Si tú quieres imaginar, puedes, pero ni ellos te van a ofrecer, e incluso a consentir, la posibilidad de visitarlas ni, si has pasado por la India antes de negociar en China, vas a tener muchas ganas de indagar y ver lo que hay. Hace algunos años, al menos en la India, la economía casera estaba a la orden del día. Como en Marruecos o en países de mucha miseria, la familia se implica desde el primer miembro al último en la cadena de montaje: abuelos, niños, mujeres, hombres, todos hincan la testuz para producir y cobrar».

En conjunto, Zara ha experimentado una mejora sustancial en la calidad de su ropa. Esto obedece, según Chicha, a las inversiones en maquinaria y a la experiencia adquirida con los años.

—Se compra mejor —afirma—, no hay más que verlo. Y nosotros también lo hacemos mejor que antes porque hemos acumulado experiencia y dolores de espalda en la misma proporción. Antes la gente de ellos era más burra, ignorante y malhablada que ahora. Algunos han mejorado bastante. ¡Uy, la de tacos que echaban esas bocas! Trataban continuamente de intimidarnos y de meternos el miedo en el cuerpo. Nosotras nos sentíamos amedrentadas y a veces nos comía la rabia por dentro por no poderlos mandar a la mierda, con perdón. Desde hace siete u ocho años aquí han pegado un salto de gigante. Mi hijo fue hace poco al almacén y se quedó boquiabierto. Aquello es como la película ésa de la guerra de las galaxias. Dentro de nada a los humanos nos mandan con viento fresco a nuestras casas. Todo lo harán robots y máquinas.

Pienso en un robot-chacha que liara las croquetas, las pasara por pan rallado y luego las friera. Lo más engorroso de preparar croquetas no es hacer la masa, sino ir dándoles forma de una en una, marranearse las manos y perder medio día en darles forma de canuto o de bobina.

—Chicha, ¿os ha afectado en el trabajo las compras de confección ya hecha en Europa del Este y en Asia?

—¿Quieres decir si ha disminuido el trabajo para nosotras?

—Sí, eso.

—No demasiado. Es verdad que el norte de Portugal nos saca mucho trabajo, pero de momento jugamos con una ventaja y es que estamos aquí al lado mientras los otros están a veintitantas horas de avión. Por eso nos siguen tratando bien, porque interesamos. Ellos lo saben y nosotras también.

Pocas cadenas textiles, no digo ya en Europa, sino en el mundo, compran las cantidades que compra Zara. Eso se traduce en un reparto del dinero en muchas direcciones, y por supuesto la diversificación de criterios según los mercados y la producción. Por ejemplo, la fabricación de marroquinería y calzado encuentra un mercado interesante en la propia España al igual que en países con tradición en tratamiento de pieles y talabartería (Italia, Turquía y todo el norte de África: sobre todo Marruecos). China, sin embargo, copa el mercado de accesorios que incluyan delicados abalorios, como cuentas de cristal o lentejuelas. La India e Italia surten el mercado de la seda; Corea, el mercado de prenda exterior acabada.

UN MUNDO FELIZ: LOS ALFAS, BETAS, DELTAS, GAMMAS Y EPSILONES

Los profesores de redacción periodística desaconsejan que los plumillas titulemos nuestras crónicas y artículos tanto con nombres de películas como de libros. No obstante, la tentación es muy fuerte cuando nos tropezamos con algo que alguien ya ha descrito de una manera exacta. Y eso me ha sucedido a mí con el almacén de Inditex. Cuando pienso en él me vienen esas imágenes de Huxley y su mundo estratificado en categorías donde todo tiene una apariencia fría y perfecta, un engranaje imposible de mejorar, un mundo controlado con unas férreas normas de las que nadie debe salirse so pena de recibir el castigo del destierro.

El infierno del almacén tiene su demonio particular, alguien cuyo nombre no voy a delatar, un tipo a quien llamaremos Belcebú, por llamarlo de alguna manera, y que por sí mismo ha creado un anecdotario maléfico sólo equiparable a otro Belcebú de más altura.

Este Belcebú rige la casa de los cinco pisos. Pero, en realidad, la empresa que gestiona el almacén de Inditex es una sociedad llamada Eurocen, recientemente absorbida por el holding.

En el almacén trabajan alrededor de 1.400 personas —siempre hay picos debido a la propia idiosincrasia del trabajo—. Y si las fábricas y los talleres son el universo femenino de Inditex, el almacén representa el reverso masculino. En él conviven muchos tipos de trabajadores: pluriempleados, trabajadores a tiempo completo y estudiantes que se quieren ganar unas pesetas como complemento a sus estudios.

Yago prácticamente vive allí. Eso, al menos, es lo que dice su mujer. Le pido que me haga una descripción pormenorizada del suburbio de Zarápolis y cavila un rato.

—Qué difícil me lo pones... ¡En el almacén se hacen tantas cosas!

—¿Como qué, por ejemplo?

—Pues la paquetería, la exportación y la importación, la carga, la clasificación de prendas, el envío de la mercancía, la selección por países... No sé, cientos de funciones.

—Entonces, si te parece, vayamos por partes; por ejemplo, ¿hay alguna diferencia inicial entre la mercancía que se recibe en el almacén?

—Sí la hay. No es lo mismo la plegada que la que va colgada. La mercancía que se pliega va a paquetería, donde están las dos máquinas, y la de colgar, a confección. Incluso, físicamente, estos lugares del almacén son distintos. Voy a intentar detallarte un poco más el proceso. Seguramente habrás oído hablar de *la máquina*, ¿no?

—¿Te refieres al bicho?

Yago asiente divertido:

—Eso es.

(El bicho, alias *la máquina* o El Gran Carrusel, es una especie de dragón metálico articulado que mide aproximadamente medio kilómetro y deja boquiabierto a quien la contempla por primera vez.)

—Mejor te lo explico con un ejemplo para que te resulte más fácil de entender. Imagina que estamos trabajando con camisas de Fíos. Bien, Fíos es la única fábrica de Inditex que no está comunicada con el almacén por túnel subterráneo, de modo que la mercancía de esta fábrica ha llegado en camión, la han descargado en la planta de paquetería del almacén, que es su lugar de destino, y después ha sido colocada en las estanterías metálicas por modelos, tallas y colores. Estas camisas deben ser repartidas a muchas tiendas y países diferentes pero antes de que se coloquen en las estanterías es necesario saber, en función de *la oferta* (esto es: según las peticiones que nos hayan hecho las tiendas), a qué sitios van y cuánta demanda hay. Para cumplir este requisito previo, los responsables de paquetería trabajan con lo que denominamos Cuadrante de Reparto, una hoja de ordenador en la cual figuran las cantidades exactas y los artículos solicitados en cada sitio.

»Cuando se trata de un modelo nuevo de camisa que no hemos tenido antes, Comercial tiene que autorizar la facturación porque cabe la posibilidad de que les convenga retrasarla para el próximo envío. Una persona de paquetería saca la cantidad exacta de mercancía solicitada por el cuadrante y la envía a *la máquina* a través de unas jaulas en cadena que entran directamente en ella. ¿Me sigues? —cabeceo en señal de asentimiento—. Te decía que cada país y cada tienda tiene su propio carro con su nombre. *La máquina* lo que hace es repartir esa mercancía según la información que posee; la misma persona que se ha encargado del cuadrante ha introducido los datos en el ordenador central.

Primero, *la máquina* deja caer las camisas en cajas según las cantidades especificadas y luego las cierra. Inmediatamente, las cajas están listas para ser depositadas en sus respectivos carros. La distribución se organiza en función de los destinos de la mercancía. Si van para Exportación se embalan con plásticos y desde Exportación se distribuyen; si los puntos de reparto son las tiendas españolas ya se cargan directamente en los muelles de donde partirán los camiones. La mercancía que va a Canarias y la que cruza el Océano, sigue unos cauces algo diferentes porque necesita el avión para el transporte. Para esta clase de mercancía existen unas cajas gigantescas parecidas a baúles que no retornan.

—Ahora explícame qué ocurre con la mercancía que se cuelga, si te parece.

—El proceso es algo distinto porque no está presente *la máquina*, pero contamos con unos burros metálicos donde van colgadas alrededor de cuarenta perchas en cada uno. Están unidos y funcionan automáticamente. Como en paquetería, también en confección trabaja un equipo de trabajadores, responsables de organizar los burros según los cuadrantes de reparto. Los cuadrantes tienen la misión de indicar las demandas de cada tienda del mundo. Todo está bastante controlado y organizado aunque parezca un rompecabezas. Por cierto, ¿sabías que durante varios años consecutivos hemos recibido el premio a la empresa con la mejor logística de Europa?

Yago se siente orgulloso de los éxitos de Zara. Este año la consultora AT Kearney ha elegido como mejor gestor del país a la empresa Punto Fa, propietaria de Mango, pero a Yago los éxitos de la competencia no le duelen mientras Zara permanezca en la cumbre.

—Claro que me siento orgulloso —se reafirma—, aunque

hay cosas que yo cambiaría, pero ésa es harina de otro costal y no quiero entrar en polémicas.

—Este almacén tiene bastante poco de almacén.

—Claro, porque la palabra almacén hace pensar en montones de ropa apilada de cualquier manera, en bultos a mogollón y cajas. Aquí no hay nada de eso porque Inditex carece de stocks. Hemos sido pioneros en esta filosofía de no almacenar, sin embargo, nosotros ya estamos en otra fase: la de satisfacer la demanda en tiempo real.

—Pero ¿qué hacéis con la mercancía que no vendéis? Porque alguna, digo yo, os sobrará pese a vuestras previsiones.

—Si no se vende puede ser por varios motivos: porque nos hemos equivocado al hacer los cálculos o porque la mercancía no ha funcionado como se esperaba. En cualquier caso, para todo hay solución; lo que no tiene salida en una tienda y ha sido devuelto, puede tenerla en otra donde sí hay demanda de ese producto. Si nos hemos pasado con los cálculos, el excedente lo absorberá América del Sur, no olvides que van una temporada atrasada con respecto a nosotros. En la planta de importación tenemos situadas las áreas de Cono Sur e Indisur. Los responsables del Cono Sur se dedican a guardar mercancía de Indinorte para subvencionar la temporada siguiente a Argentina, Chile, Uruguay y Brasil. Pero si el problema del excedente reside en que la ropa no ha funcionado como se pensaba, entonces la mercancía se envía a Lefties o se vende a una empresa especializada en adquisición de lotes de saldos.

—¿Toda la mercancía que llega al almacén está identificada?

—Sí.

—Estaba pensando que con esas cantidades tan astronómicas de prendas podía haber «extravíos» más o menos interesados.

—Ahora ya no ocurre, aunque de vez en cuando surgen problemas en Canarias, pero hace siete u ocho años, si no recuerdo mal, hubo un caso en el almacén de unos tipos que montaron un negocio paralelo a costa de Zara.

—¿Y cómo hacían?

—La ropa de importación venía en cajas de cartón. La cuestión era que había que sacar la mercancía de las cajas, colocar las prendas en las estanterías y arrinconar los cartones para que se los llevaran los camiones. Como ya te puedes suponer la táctica de los ladrones era de lo más burda. Aplastaban las cajas con ropa dentro y luego las repescaban para venderlas en un mercadillo de La Coruña. Eran tan inútiles que ni siquiera les quitaban las etiquetas y, claro, estaban expuestos a que los descubrieran el día menos pensado, como así fue. Uno de los guardias de seguridad de Inditex que había ido al mercadillo a dar una vuelta vio la ropa, la identificó y levantó la liebre. El negociete se les acabó.

—En los hospitales me han contado que algunos empleados roban como descosidos medicinas y material quirúrgico.

—Sí, yo también he oído ese rumor. Yo creo que ninguna empresa está libre de los robos, los abusos y la picaresca. Ya sabes, la condición humana.

Una pica en Flandes

Zara ha puesto una pica en Flandes, de ahí el título de este apartado recopilador donde repaso el trabajo de los escaparatistas, vendedores, arquitectos, interioristas, buscadores de negocio, personal de seguridad y demás fauna.

Según Beltrán, la política de Inditex se asienta sobre dos sólidos pilares: la UNIDAD INMOBILIARIA y la UNIDAD DE DISEÑO. Cierto que lo más envidiado de Zara es su capacidad de respuesta frente a los comportamientos del mercado. Ni las bolsas siquiera son capaces de reflejar esta sensibilidad extrema. Los americanos, que en cuestión de premiar y castigar resultan inclementes, cada vez que el gigante Gap mete la pata con una hornada de ropa que no funciona en el mercado, lo hacen repercutir en sus cuentas financieras. A Zara no le ocurre lo que a los californianos, por la sencilla razón de que donde arriesgan es en el día a día.

Las revistas de moda llegan a los departamentos y se reparten: las controlan los diseñadores, patronistas, comerciales, los de escaparatismo... Quien necesita mirar, mira. La información tiene la consideración de arma de trabajo, extensible a todos y cada uno de los departamentos implicados. Desde que un modelo es concebido hasta que está a disposición del cliente en cualquiera de sus tiendas de los tres continentes, no han transcurrido ni quince días. La moda puede ser caprichosa pero tiene sus plazos y este corto tiempo de espera parece poco significativo, dada la circunstancia. Probablemente en el mes de agosto los mitones no interesen y de repente en octubre se empiece a preguntar por ellos con insistencia. Este pequeño desajuste entre oferta y demanda se ventila en un instante: el que tarda en llegar la nueva remesa de mitones.

Si los de Comercial, Diseño y Patronismo han de prever con cierto adelanto cómo va a comportarse el mercado antes del *reprise* (el tiempo en que empiezan a apostar por cuenta propia a caballo ganador), los de escaparatismo no están libres de esta esclavitud puesto que la carta de presentación al viandante es el escaparate.

Carmen comenzó a trabajar en Zara en 1981. De sus jefes, Jordi Bernardó y de su alter ego, la alemana Doris, cuenta maravillas: «Son gente especial, carismática, con una intuición envidiable. Son creadores de moda natos. También es verdad que se mueven mucho porque no paran de viajar y de informarse de las novedades del mercado. Además, saben reconocer el talento en otros y cuando encuentran a alguien así, uno da por descontado de que lo van a fichar. Y si es cuestión *sine qua non* pagarle a precio de oro, aunque esté muy por encima de lo que se paga a otros miembros del equipo, no se va a discutir, se paga y punto.

»En estos momentos Jordi le ha traspasado a Doris la responsabilidad directa del escaparatismo. Si bien él sigue participando en los diseños, ha sido ascendido en la escala laboral: dirige un departamento que se encarga de la imagen e interiorismo de toda la cadena».

Carmen conoció a Jordi casi por casualidad. Fue él quien le propuso incorporarse a la empresa. «Algo vio en mí. Desde luego yo no había montado en mi vida un escaparate ni sabía una palabra de moda pero era original, según él, porque reciclaba como una loca.»

La filosofía de Bernardó, según Carmen, no ha cambiado un ápice desde los primeros tiempos. El departamento de Escaparatismo posiblemente disponga hoy en día de más medios económicos, pero la libertad y el afán creativo de ir un paso por delante de los demás es idéntica a cuando empezaron. Jamás hubo cortapisas ni impedimentos en Zara porque Amancio Ortega fue un empresario listo que se supo rodear de gente inteligente.

«En un sentido no literal —afirma Carmen— se podría decir que en Zara nada ha cambiado desde 1975. Por aquellos días lo importante era estar en los sitios más céntricos, captar la atención del cliente a través de los escaparates, obligarlo a pararse delante de ellos a mirarlos, diseñar un espacio agradable en el interior de las tiendas y vender moda renovando la oferta. Ahora se hace lo mismo. En lo único que sí se ha notado el cambio ha sido en el tamaño de la empresa. Ya no nos conocemos, es imposible saber quién trabaja en cada departamento. Añoro el ambiente casero, de empresa pequeña, que había antes.

»En cierto modo considero que el éxito de Zara me pertenece también a mí, yo siento que Zara no es sólo de Ortega y su familia sino también mía y que yo he puesto mi granito de arena en hacerla. Siento orgullo de mi trabajo y por eso mismo, cuando oigo decir que los proyectos de la empresa son más importantes que la gente que está detrás de ellos, me parece estar oyendo mi nombre y el de mis compañeros, el de todos los que empezamos a trabajar aquí casi de chavales y ahora ya somos padres de familia, y muchos incluso abuelos. Zara somos también nosotros.»

Carmen me explica que cambian los escaparates de las tiendas cada tres semanas. Este lavado de cara permanente, según los expertos en marketing, es necesario porque el cliente se aburre de todo. Está comprobado que en cuanto renuevan los escaparates una oleada de curiosos entrará a la tienda preguntando por el look que han visto fuera. «No falla —me cuenta una vendedora—, lo de los escaparates lo vendemos casi en el mismo día en que se pone; yo a menudo me quejo a la encargada, porque me parece fatal no tener yo en la tienda lo que exhibimos fuera. El cliente entra y pregunta y no le podemos enseñar nada. Eso, digo yo, habría que tenerlo en cuenta.»

Cada cambio de escaparate está previsto en sus detalles mínimos en una especie de *story board* cinematográfico. Se han analizado puntos de fuga, composición, el sentido de la calle, espacio disponible, iluminación, colocación de maniquíes, longitud y anchura del escaparate. A estas alturas Zara se puede permitir libertades como que su ropa no se vea. Un escaparate de Zara puede decorarse con un montón de camisetas de diferentes gamas cromáticas apiladas unas sobre otras, como si fueran libros, sin mostrar la prenda en sí porque el producto es utilizado como un recurso estético solamente. Los escaparatistas nos están avisando con ese capricho compositivo de que no necesitamos ver las hechuras en el escaparte, pues de sobra conocemos el diseño y la calidad de las camisetas de Zara.

Los escaparatistas de Zara trabajan por equipos. España está dividida en zonas geográficas y para las tiendas del extranjero utilizan dos fórmulas: formar equipos propios cuando el país cuenta con el número suficiente de tiendas para rentabilizar la existencia de estos técnicos o desplazar a escaparatistas de la empresa de un país vecino para los cambios de escaparate, caso de que éste no requiera infraestructura fija, sino a lo más tres o cuatro personas para ir solucionando el día a día.

Carmen afirma que los escaparatistas de Zara han surtido a las otras cadenas del grupo de grandes talentos. Bershka, en estos momentos la niña mimada de los profesionales de Inditex, encabeza la vanguardia de la moda en cuanto a creación de espacios escénicos.

Me cuentan una curiosidad: el jefe participa, como en casi todo lo referido a Zara, en la elección de los emplazamientos de sus tiendas, y si el sitio que le han localizado los de Inmobiliaria no le gusta, por muy avanzada que esté la operación, el proceso se paraliza de momento. Esto último ha ocurrido en algunos casos, por ejemplo en Murcia. Apalabrar un local céntrico, tener ultimadas las negociaciones, llegar Amancio, ver la probable adquisición, decir no sin atender a observaciones y marcharse, todo uno. «Son los raptos orteguianos», comenta mi confidente del planeta inmobiliario. Es decir, que a Amancio le va que ni pintada la famosa máxima de su tocayo: «Yo soy yo y mis circunstancias».

A tenor de la última anécdota podría inferirse que Ortega es una persona venada y que funciona por ventoleras de millonario. Amancio, sí, es un hombre caprichoso, pero el capricho emana no de la sinrazón, sino de un sexto sentido que le acompaña desde su nacimiento. Recuérdese que por encargo divino un ángel le hizo entrega del don.

«Ve más allá de donde ve la gente —sostiene Clara—, y no creas, es un problema tremendo porque en Zara todos nos preguntamos, ¿qué va a ocurrir cuándo él ya no esté? No hay nadie en toda la empresa capacitado para relevarle. El talento necesario para adivinar algo que está aún por llegar sólo es patrimonio de pocos y Ortega goza de ese talento.» Según Clara, si en la casa alguien sabe escuchar, no poner la oreja sino escuchar de verdad, reflexionar y actuar en consecuencia, ése es Ortega. «Si consigues convencer al jefe de que tu idea es brillante, da por seguro que él se encargará de que cuentes con todos los medios a tu alcance para ponerla en práctica. Ninguna empresa ofrece tantos medios como Zara.»

Pero descendamos ahora al detalle y veamos cómo funciona la Unidad Inmobiliaria. Según mi confidente secreto sus labores se englobarían en dos áreas:

Localizar emplazamientos céntricos o locales en centros comerciales prestigiosos y negociar su adquisición, alquiler o la fórmula financiera que más interese a las dos partes. Esta operación incluye una evaluación de costes y la elaboración de un informe sobre la conveniencia o inconveniencia de abrir una Zara en el sitio elegido.

Hasta que esto ocurre, entre medias, se han efectuado decenas de pasos en los cuales van a intervenir una serie de técnicos de la compañía: el equipo jurídico encargado de analizar la situación legal del local, tramitar los permisos oportunos y analizar cualquier clase de obstáculo que pudiera encontrar la empresa con los vecinos del inmueble; o el equipo de arquitectos, encargado de evaluar el estado general del inmueble, las reformas precisas, los puntos débiles de las estructuras cuando se trata de edificios antiguos,...

Cada Zara suele precisar de una inversión de 200 millones de pesetas aunque esta cifra sólo se puede tomar como orientación, pues hay edificios históricos que han costado siete u ocho veces más e incluso en algún caso casi como una película de Hollywood.

El interiorismo es otra de las áreas mimadas de Zarápolis. Pocas personas entienden por qué se hacen tantas obras en las tiendas: «¿será por escamotearle dinero a Hacienda?», se preguntan los incrédulos. Según el director de Comunicación de Inditex si cambian las modas y cambian los gustos de la gente, ¿cómo no va a cambiar el aspecto de una tienda? Para Diego, la moda atañe tanto al envoltorio como a lo envuelto. Y el concepto Zara demanda este paso por los bisturís cada cierto tiempo, no menos de cinco años y desde luego no más de diez.

«Las nuevas Zara —opinan los *cognoscenti*—, ofrecen el envoltorio de la tienda de lujo.» Son diáfanas, cálidas, espaciosas y sus expositores parecen esculturas del utilitarismo: muebles circulares, casilleros para complementos, vitrinas iluminadas, baldas accesibles para estirar la mano sin esfuerzos. Como único entretenimiento visual los pósters de la top model elegida para la temporada: Carolina Ribeiro, Giselle Bündchen, Carolyn Murphy o Amber Valetta vestidas de Zara.

La política de Inditex implica trabajar con empresas subcontratadas en todos los campos: una empresa gestiona el servicio técnico de la calefacción y el aire acondicionado de las tiendas, otra la colocación de persianas metálicas, otra la carpintería, otra las reparaciones eléctricas y así suma y sigue. Si la empresa no responde como es debido o se relaja en la prestación del servicio sabe que inmediatamente Inditex rescindirá su contrato. Los técnicos de Inditex no saben lo que es el regateo —de los otros, me refiero—. La expresión más utilizada en el argot de la casa es: «Lo tomas o lo dejas». Para desgracia de los subcontratados la competencia es feroz. No hay otra posibilidad que la de aceptar, si conviene, las condiciones de Inditex o rechazarlas si el acuerdo no va a resultar rentable para la segunda parte. De negociar estas minucias se encarga una división de Inditex llamada Goa Invest.

Si de algo saben los ejecutivos de Zara, desde luego, es de rentabilidad. De ahí que prefieran ganar algo menos en la venta por unidad y rendir más en el conjunto. Esta mentalidad la aplican a todo.

Cada final de jornada en Sabón se conocen los ranking de ventas. Caracas va la primera, paseo de Gracia ha vendido hoy como nunca, Campos Elíseos ha bajado del tercer puesto al octavo, Brujas ha subido dos posiciones, Regent Street se mantiene estabilizada.

Todo el esfuerzo se centra en mantener la calidad de comunicación en el punto de venta. A las tiendas que van peor en cuanto a ventas se les intenta ayudar con ropa más exitosa. Este minucioso seguimiento de cada empresa —cada tienda en sí se considera una empresa con sus costes respectivos— permite prevenir disgustos mayores. «¿Por qué está funcionando mal Carretas? —se preguntan los ejecutivos de marketing—, ¿qué ha ocurrido en los últimos días?, ¿cuánta gente ha entrado y cuánta ha salido sin comprar?, ¿qué querían encontrar y no han encontrado?, ¿qué tiempo ha hecho en los últimos días?; en definitiva: ¿por qué ha podido pasar esto?»

EL FALSO CLIENTE

Los motivos de que una tienda no vaya todo lo bien que debería pueden achacarse a factores muy diversos, desde económicos, climatológicos, humanos, sociales o incluso estacionales... Y en cualquier caso derivan de un mal funcionamiento o una negligencia; desde que los dependientes se hayan relajado en sus obligaciones y permitan que la ropa se amontone de cualquier manera por todos los huecos libres, invitando a que el cliente desista de buscar nada, hasta que un fallo del termómetro de la calefacción haga la atmósfera del establecimiento sofocante. Las causas pueden ser infinitas. Pero la obligación de los ejecutivos de Inditex es averiguar qué está sucediendo en cada sitio invirtiendo en esta operación el tiempo necesario.

El falso cliente es una de las estrategias más utilizadas para comprobar por sí mismos el grado de satisfacción del público, el comportamiento del personal con respecto a éste, las condiciones del establecimiento en cuanto a orden, limpieza, olores, situación térmica, volumen musical, la colocación de la ropa según las pautas de los colocadores de Sabón, y hasta el aseo y aspecto exterior de cada empleado.

Yo misma fui testigo de una escena pintoresca en una tienda de Bershka. La dependienta discutía con su novio por teléfono y menos rosa de pitiminí le llamaba al fulano de todo. Ésta es una de las prácticas más prohibidas de todas cuantas la empresa no tolera.

Entre las recomendaciones que reciben los dependientes de Zara están las de visitar con frecuencia la peluquería, no atufar ni por defecto ni por exceso, cuidar el aspecto exterior en su conjunto, ir aseados al trabajo, evitar por todos los medios, so pena de expulsión, el lenguaje malsonante, las expresiones vulgares en público, el tuteo a los clientes, los abusos de confianza, el trato discriminatorio o vejatorio hacia éstos, las insinuaciones malévolas en caja, así como poner en duda la liquidez bancaria de un cliente al que no le funciona la tarjeta de crédito.

El falso cliente se comporta como un visitante más de Zara. En la mayoría de las ocasiones incluso pasa por caja y compra. Éste es otro de los síndromes con los que viven los ciudadanos de Zarápolis, pues el falso cliente puede ser cualquiera, desde una inocente chiquilla que revolotea durante un buen rato por todas las secciones para comprarse finalmente un top de 995 pesetas, hasta el señor maduro de gafas que ha pedido asesoramiento para regalarle a su mujer un vestido de noche. Ellos saben que incluso tú puedes ser el falso cliente, y si bien se relajan con bastante facilidad, también la señal de alerta suena al menor síntoma de peligro.

El informe redactado por el falso cliente llega a «Arriba» y de inmediato los encargados son llamados a consultas, como ocurre en los momentos de crisis con los embajadores. La confección de estos informes es una garantía para que la empresa no se duerma en los laureles. Cualquier trabajador de Zarápolis sabe que está siendo observado pero al mismo tiempo sabe que si cumple con su trabajo como se espera de él y se ocupa de sus obligaciones, habrá una recompensa para resarcir sus esfuerzos. Para estimar los picos de venta en cada tienda, Zara ha desarrollado una metodología bastante sencilla. Cada día se conoce lo que se factura y además queda reflejado qué empleados han estado trabajando y sus respectivos horarios. Los porcentajes de beneficios asignados por la empresa a cada trabajador estarán, pues, en función del nivel de venta conseguido y de su participación en el mismo.

Zara, sostiene la empresa, no deja desvalidas a sus criaturas. Un encargado puede recibir, ya sea a petición propia o por decisión de la empresa, la visita de un equipo de técnicos que asesorará a los dependientes sobre la correcta distribución y exposición de la mercancía o acerca de cómo ir llenando espacios que se han quedado huecos. En las tiendas de decoración de Sabón, situadas en la planta de Importación, un equipo de personas ensaya la mejor disposición de la mercancía hasta dar con la óptima. Una vez la operación ha concluido, se sacan fotografías de estas combinaciones y se envían a las tiendas como guía de trabajo.

El reducto de los estrategas

Aquí entre nosotros, el chollo éste del «falso cliente» no parece un mal trabajo. ¿Qué tal ser «falso cliente» de una multinacional? A decir verdad, la única pega que le encuentro a un apelativo laboral tan extravagante, radica en las explicaciones anexas que conlleva. Sin embargo, tal minucia, con la moda imperante de los eufemismos, apenas si reviste importancia. Hoy en día nadie sabe verdaderamente en lo que trabajas. La inventiva no tiene límites tratándose de buscar un apelativo fantasioso. Cualquiera es técnico de algo: técnico de bollería industrial congelada, técnico de piratería informática, técnico de aspiración de alfombras con servicio domiciliario a chalets adosados, técnico de gestión musical en centros geriátricos para ancianos no asistidos, técnico de planchado por horas... Técnico es la palabra más devaluada que conozco, con la salvedad de asesor, que aún lo está más.

En mis tarjetas de visita he vuelto a colocar el clásico Lcda.

en Ciencias de la Información (ya extinto porque ahora únicamente existen las Facultades de Comunicación) en sustitución del de «asesora de comunicación» que figuraba hace unos meses. Por mi conducta laboral de camaleón no sé a ciencia cierta cómo habría de anunciarme en mis tarjetas. Debería tener quince o veinte modelos con propuestas diferentes, como hacía el memorable Sugrañes, el personaje del escritor Eduardo Mendoza que, aparte de estar loco como un cencerro, se presentaba a sí mismo según la ocasión con la etiqueta de: ingeniero Sugrañes, inspector Sugrañes, doctor Sugrañes y no sé cuántas proezas profesionales más.

En Zara parece que esos problemas están de más. No pierden el tiempo —como yo— cavilando sobre *peccata minuta*, siguen sumando ceros en la caja registradora de Sabón. En Zara hay mucha gente que cobra por pensar. España está llena de *pensadores*. Nuestros *pensadores* tienen fama en todo el mundo. España para pensar y América para comercializar, leí el otro día en un *inteligente* pasquín para empresarios. Pensamos tanto los españoles, que ciertos empresarios españolísimos han comenzado a recibir cartas muy amables remitidas por *patriotas pensadores* comunicándoles la buena nueva de que han evitado que sus prestigiosas marcas y nombres comerciales hayan caído en manos de desaprensivos extranjeros, registrándolas en Internet antes incluso que los propios empresarios lentos. Ha costado algún dinerillo pero ya lograrán compensación económica por tan altruista agilidad mental.

Decía antes que en Zara abundan los estrategas pero no he señalado quién encabeza la lista y éste no es otro que Ortega, el Ínclito.

Puede sonar a mentira garrafal o a hipérbole mía pero lo cierto es que el bueno de Amancio más de dos veces y de tres en estos veinticinco años de historia ha sacado de la cama a un empleado y le ha hecho ir hasta Sabón por alguna ocurrencia inaplazable. Naturalmente, la letra pequeña de contrato de seguro no aparece en los estudios de gestión realizados en las Escuelas de Negocios. Pero quien dirige una empresa sabe que los contratos incluyen una fluida nota a pie de página con toda una literatura adicional apabullante. Y al que piensa y lo cuenta, aunque luego por detrás del jefe despotrique y le diga de todo menos qué lindos ojos tienes, siempre le va mejor.

Ser estratega requiere condiciones y entrenamiento. En el Departamento de Personal de Zara lo tienen perfectamente asumido: la empresa no necesita ávidos tiburoncillos sino cabezas despejadas, cabezas privilegiadas con dos orejas, dos ojos y olfato de sumiller. Lo demás lo aporta el buen saber hacer de la casa.

En las Escuelas de Gestión el nombre de Zara sale continuamente a la palestra. «¿Qué los hace distintos? —preguntan inquisititivos los profesores de los variopintos master—. ¡Y, por favor, no hablen ustedes de milagros, la cuenta anual de resultados y el balance no admiten milagros!» Los alumnos aportan tópicos, sólo que con nombres más ajustados a la terminología empresarial: producción *just in time*, asunción de distribución, producción y comercialización en una misma red, reducción de stock, reducción de costes laborales mediante subcontratación de terceros, atención a las variables del mercado, precios bien posicionados, búsqueda de la oportunidad de negocio, renovación constante, oferta amplísima de diseño, compromisos claros con el cliente, Calidad Total...

¿Bastan estos apuntes de Escuela de Negocio para explicar qué es Zara, por qué se ha convertido en la número uno del textil español y la tercera empresa del mundo, por detrás de Gap y de la sueca H&M? Evidentemente no, pero en algo sí se puede estar de acuerdo con los profesores de los master: los balances de una empresa no admiten los milagros, sino únicamente buena gestión. Y para gestionar un coloso como Inditex hace falta buena cabeza, algo que Amancio Ortega, el ciudadano de Busdongo, ha demostrado tener para dar y regalar.

Y créanlo: todo empezó con una bata pero no una bata cualquiera, sino una bata de guatiné cuyos cuellos redondeados plantearon tantos problemas que fueron muchas las noches en vela tratando de solventar en el menor tiempo posible la objeción de la curvatura. Luego vino el desteñido del cuello, en un color diferente al de la bata y más tarde la fabricación y comercialización de esa bata, ya sin problemas con los vivos ni tampoco con los cuellos, y después la forma de hacer atractiva a la bata y vender con ella bienestar y seguridad en el futuro...

En su calidad de estratega avezado, Ortega ha ido dotando a sus empresas de más y más valor añadido. Desde hace sólo un año, la alianza con la familia perfumista Puig ha fructificado con la salida al mercado de una línea de perfumes y cosméticos llamada «Zara Fragance» con surtido para hombre y mujer.

El siguiente paso será la lencería. Hubo contactos con la multinacional americana Sarah Lee, desmentidos por el director de Comunicación, pero al parecer el objetivo lencero sigue en firme.

La Affinity Card, tarjeta de crédito del grupo Inditex, resalta como otro de sus grandes aciertos. Al margen de aplazar los importes de las compras y flexibilizar los pagos, la Affinity proporciona otros servicios al cliente: conceder préstamos personales, facilitar el pago de las vacaciones o proporcionar ofertas viajeras. A la empresa del siglo XXI, fundamentalmente por la competitividad en la cual está inmersa, no le queda otro remedio que devanarse los sesos para complacer las expectativas de la clientela, renovando y ampliando constantemente su oferta de servicios. Ortega lo sabe y por eso ha nutrido a Zara de grandes creativos. E incluso de sus desventajas ha sabido sacar ideas imaginativas que han solucionado problemas serios. Minimizó las devoluciones masivas de ropa, por ejemplo, añadiendo una etiqueta a las prendas, cuyo lenguaje de símbolos internacionalmente aceptado indica cómo debe ser conservada y cuidada la prenda adquirida.

Asimismo, al igual que otras grandes empresas, Zara se apuntó enseguida al carro de: «Si no está usted satisfecho, le devolvemos su dinero». Y no sólo eso, sino que agregó una impronta de tiempo a su inteligente marketing comercial: «Usted, cliente, dispone de todo un mes para repensar su compra y, además, si quiere devolvernos la mercancía, puede hacerlo en cualquier tienda de la red con independencia del lugar geográfico donde la haya comprado». Consecuencia inmediata: las devoluciones han disminuido considerablemente y cuando ocurren, en la mayoría de los casos, van acompañadas de nuevas adquisiciones. A eso se le llama sagacidad comercial y perspicacia para vender más y mejor.

Tercera parte

MANUAL PRÁCTICO

Las paradojas del universo Zara

Como viene siendo preceptivo desde que me depositaron en este valle de lágrimas sin un triste folleto de instrucciones de uso, aparte de dos zarcillos con los que parecía María La Canastera o Rasputín en sus mejores momentos, el indeseable bicho de la gripe acaba de efectuar su visita anual. Este año debe rular una cepa eficaz porque no me ha quedado un centímetro de cuerpo sano. Lánguida y desfallecida cual una Margarita Gautier a punto de fenecer —así la espichan los seres delicados—, me limito a hojear revistas femeninas para que no digan mis detractores que pierdo el tiempo holgando.

Mi agente, desconocedora del estado de postración en que me encuentro, me ha enviado un zumbón emilio con una capciosa pregunta en un vacío de letras que debo atribuir a un afán ahorrativo: «¿Es para hoy o para el siglo que viene?».

«¿Cuándo es el siglo que viene?», me pregunto atolondrada.

Miro a mi derecha en el suelo y la elevada pila de *Elle*, *Marie*

Claire, *Telva*, *Vogue*, *Cosmopolitan*, *Woman*, semanales y dominicales atrasados me produce escalofrío. A duras penas sostengo la libretilla donde voy apuntando por columnas: la lista de razones para comprar en Zara, el famoserío internacional que se surte de sus estantes y los trucos de los avispados para «parecer y no ser».

Entre sonada y sonada de moco acústica escribo a duras penas: «Al fin llega. Reputadas editoras de moda y top models, Claudia Schiffer incluida, han tenido durante años guardado para ellas el nombre de Zara». Cuando alguien les pregunte por la falda de velcro que llevan con ese toque que sólo ofrecen los escaparates milaneses habrán olvidado convenientemente dónde lo compraron. El periodista del *Standard Evening* se refiere al aterrizaje de Zara en la pérfida Albión, todo un acontecimiento social. En esas mismas páginas David Hayes da a conocer al respetable los usos y costumbres que las *voguettes* inglesas han encontrado en la mina de Zara: «Con unas cuantas libras para despilfarrar se puede obtener el look de los grandes diseñadores y aún quedará dinero para comprar dos barras de labios de Chanel».

El *Elle* francés, la más selecta y chic de las revistas de moda, reconoce que sus estilistas —eruditas del estilo por antonomasia— «se visten en Zara de la cabeza a los pies». Como el resto de los mortales que encaja hasta la talla 42, apostillo yo, sosteniendo en duro equilibrio un kleenex que no es kleenex, sino de otra marca desconocida.

Pero en temporada de colecciones, incide el *Elle* España, las que regresan a sus hoteles cargadas de bolsas de Zara, tras haber arrasado la tienda de L'Opera, son las modelos.

«En París, por ejemplo, se ven ya más bolsas de Zara por los Campos Elíseos que paquetes de los emblemáticos almacenes Lafayette», apunta *Telva*, para aclarar luego que «frente a Bloomingdale's, o en el fragor de la quinta Avenida, los transeúntes se sienten poderosamente atraídos por los elegantes escaparates de una tienda que pese a su empaque, vende ropa a precios de risa». Apariencia de tienda de lujo y diseño a la última con precios muy por debajo de los de la competencia.

La presidenta del Senado español, Esperanza Aguirre, primera mujer en ocupar el cargo, confiesa en una entrevista que también ella es compradora de Zara. Y la carismática eurodiputada socialista, Rosa Díez, contesta a la entrevistadora de *Elle* cuando le interroga sobre sus rutas de compras: «Compro complementos en Zara». Y no es la única: modelos como Nieves Álvarez, Laura Ponte o Madeleine, ex ministras como Isabel Tocino y Carmen Alborch se declaran visitadoras de Zara, algo que también concierne a la infanta Elena de Borbón, para quien incluso la casa hizo una talla especial antes de que se convirtiera en una sílfide y de paso en una de las mujeres más elegantes del reino gracias a su estilista personal, el duque de Lugo —y olvidémonos ya, ¡por los clavos de Cristo!, de ciertos pantalones de amebas y paramecios—. Por cierto que la Zara favorita de la infanta es la de Velázquez en Madrid, una tienda recoleta y muy especial, cuya encargada, Elena Vázquez, está considerada la «asesora» de medio Madrid.

No es ningún secreto que la esposa del presidente del gobierno español, Ana Botella, o que la relaciones públicas en España de Chanel, Melinda Rúspolli, compran ropa en Zara. La editora de *Telva*, Covadonga O'Shea, incluso presume de su look gallego (se fue a entrevistar a Carolina Herrera a Nueva York con un traje de chaqueta negro, tan feliz). Periodistas de moda como Blanca Suelves o Lola Carretero, mujer del radiofónico Iñaki Gabilondo, no suelen hacerle ascos al surtido Zara. Algo que también le ocurre a la bailarina Sara Baras o a la actriz Leonor Waitling.

Las estilistas de *Vogue*, *Cosmopolitan*, *Telva*, *Elle*, *Marie Claire* y *Woman* mezclan rabiosamente. Toda una ex presidenta de la Academia española de Cine, la actriz Aitana Sánchez Gijón, declara en el *Elle* español: «Donde arraso es en Zara». Y la reina de corazones, Isabel Preysler, tiene el privilegio de ir de compras a la Zara de Velázquez cuando la tienda está cerrada al público y ya no hay testigos. ¿Que por qué? Elemental, querido Watson, ¿para qué necesita publicidad Zara o la ex consorte de Julio Iglesias?

Pero no es España el único país donde la alta burguesía y el famoseo equilibra su bolsillo comprando en Zara. En Bélgica, Francia, Portugal, México, Grecia y Argentina el fenómeno se repite entre el segmento femenino, no tanto así en el masculino, donde la fórmula Zara no ha tenido el mismo éxito que entre las mujeres. Una de las razones posibles radica en el desinterés por este tema, algo que le sucede incluso al propio Amancio. ¿Acaso le interesa a Amancio renovarse y darse un toque cada temporada? En absoluto. Como quiera que está obligado a vestirse cada día, lo hace, pero con el mayor desinterés hacia su propia ropa. Incluso para una ocasión tan formal como la fotografía de la memoria anual de Inditex rehusó ponerse corbata.

Yo compro en Zara, mi asistenta también, mi dentista no, porque utiliza la talla 44 —ahora la empresa ya ha oído sus quejas y podrá comprar—, mi posible futura reina, segunda en el orden sucesorio, también. ¿No es milagroso que nosotras tres: mi asistenta, la infanta y yo tengamos algo en común, aparte de ser mujeres y buscarnos la vida cada una según Dios nos da a entender?

Naturalmente, esto no ha sucedido de la noche a la mañana. La pintora gallega Chelo Liñeira me contó en una ocasión en un cóctel ofrecido por el alcalde en el Ayuntamiento:

«Como hacía un tiempo desagradable me coloqué un cuello de piel de mi madre sobre mi traje de Zara. Acababa de volver de Italia y las personas que me conocían dieron por sentado que el traje me lo había comprado allí: "¿De quién es?", me preguntaron. "De Armani", contesté yo. "Ya se nota, tiene su sello, es que Armani es Armani". Pero luego me divirtió confesarles la verdad, y nadie se lo quiso creer, tuve que enseñar la etiqueta». A la periodista Lola Carretero le sucedió lo mismo en una cena con gente de la jet set.

«¿Por qué nos gusta Zara?», me pregunto. Según se mire, habría muchas respuestas y todas ellas de diferente orden, pero hay una que se impone sobre todas las demás: cultivamos la cultura de la apariencia y al mismo tiempo despreciamos la exclusividad por antidemocrática y elitista. Un fenómeno auténticamente patológico. Por un lado queremos ser lo que no somos (que los demás piensen que en nuestros roperos hay prendas de Celine, Vuitton, Prada, Gucci, Armani, Donna Karan, Loewe) y por otro, nos enorgullece decir que es de Zara porque comprar en Zara demuestra que buscamos sólo la apariencia superficial de esas marcas. En el fondo no estamos dispuestos a renunciar a nuestra escapada de fin de semana, una cena con los amigos o poner visillos nuevos en el salón por tener en el armario un jersey con etiqueta de fulanito o menganita. El propio vicepresidente de Inditex, José Mª Castellano, reconocía en un simposio de empresarios que para ellos la moda era un producto tan obsoleto como el yogur, de ahí que produjeran según el sistema bajo demanda.

El siglo XXI ha traído los brotes republicanos e igualitarios iniciados por el comunismo de las postrimerías del XIX. Pero el marketing, siempre atento a la evolución de las masas, tiene su propia teoría en cuanto al fenómeno de las marcas. El lujo, por sí mismo, es un poderoso factor de homogeneización, subraya Stuart Crainer en su obra *El poder real de las marcas*. Florian me dijo, durante nuestro viaje a París, que el gran éxito comercial de Zara ha sido canalizar la publicidad de los grandes a sus productos. «Para qué vamos a hacer publicidad si ya nos la hacen ellos: la gente entra en la tienda y dice: "¿Tenéis un jersey de cordoncillo de cuero como los de Vuitton? o ¿habéis recibido vestidos blancos tipo Donna Karan?". Hay diseñadores como Donna Karan a quienes no les molesta nuestro trabajo de vulgarización, es más, cuando les preguntan su opinión sobre nosotros, contestan: "¡Oh, Zara es estupenda!". Porque ¡qué diablos le puede importar Zara si su clientela no va a dejar de comprarle! Otros, como Daniel Piaget, director comercial de Louis Vuitton, opinan: "Es posiblemente el distribuidor más devastador e innovador del mundo", pero en el fondo saben que nos movemos en otro segmento y si bien no le somos en absoluto indiferentes no nos han declarado la guerra. Antes incluso nos tenían prohibida la entrada en los desfiles y de algunas tiendas nos han echado con cajas destempladas. Zara, la verdad, no produce indiferencia.»

No puede ser que con esta cabeza embotada sea capaz de hilar más de dos pensamientos. Sin embargo, me acabo de acordar del agudo Hans Magnus Enzensberger cuando en un artículo sobre moda, publicado en español por la editorial Anagrama, caricaturiza a los retribuidos diseñadores americanos «que ponen todo su empeño en crear variantes exclusivas de un desaliño siempre igual». Sí, porque en el fondo, detrás de ese mensaje novedoso que presenta la moda, se esconde una gigantesca mentira: para que una tendencia se consolide hacen falta muchas repeticiones, mucha insistencia, porque por naturaleza el mercado es conservador y huye de la excentricidad y de lo que no va a poder repetir en sucesivas temporadas. Por eso, el diseñador Roberto Verino confiesa en *El*

País Semanal: «Son las reglas que impone el mercado. La creatividad que no sea funcional acaba siendo una osadía que se paga muy cara».

Los diseñadores españoles hablan bien de Zara ante los medios de comunicación y abominan de ella cuando no hay micrófonos delante. Públicamente nadie se atreve a negarle al gigante gallego su liderazgo como abanderado de la modernidad hispana. Los grandes de la moda española respetan su contribución a la Historia, envidian esa velocidad de respuesta con la que ellos no pueden competir, admiran la versatilidad con la que han sabido adaptarse a los gustos cambiantes del mercado y su ojo clínico para situarse en lo mejores locales. Así lo afirman los analistas de Morgan Stanley: «El lugar es la clave, y Zara ha demostrado una gran habilidad para elegir lugares privilegiados y contener el gasto de forma disciplinada». Pero en privado, pequeños y medianos, encuentran motivos de queja: prepotencia, actitud avasalladora, hundimiento de los precios, poco respeto por el trabajo ajeno... Cada cual esgrime su propia queja.

«Yo compro en Zara porque me gusta, es asequible a mi bolsillo y su relación precio-calidad es magnífica», me contestó una encuestada de Murcia. Pensé que si iba a escribir un libro sobre Zara también necesitaba saber qué opinaban los consumidores de fuera de Galicia y de otros países. En Bélgica muy pocas personas tienen la imagen de que Zara sea una tienda de ropa barata. La sitúan en el plano del resto de las cadenas internacionales de gama media-alta como Benetton, Esprit, H&M y Gap. En Francia, Zara despierta encontrados sentimientos entre los consumidores. Por un lado la adoran y por otro le reprochan su «cara» por copiar descaradamente. Portugal la ha recibido con los brazos abiertos. A los portugueses especialmente les gusta saber que su país proporciona una buena parte del algodón de sus exitosas camisetas, así como de la vestimenta deportiva. Grecia fue uno de los primeros países donde Zara se instaló, antes que en Alemania, Israel, Argentina o Inglaterra. En Italia la prensa no habla de Zara. La ignoran. Pero los estilistas se atreven a decir en voz baja que la única diferencia entre Gucci y Zara son los precios —aun reconociendo las diferencias de calidad en los tejidos que de todas formas no justifica esa brutal diferencia—.

El idilio entre Zara y el cliente desaparece en cuanto abordamos el asunto del tallaje. «¿Qué es lo que menos te gusta de Zara?», pregunto yo en mi encuesta, y los entrevistados, amplia mayoría mujeres, contestan unánimente: «Las tallas, ¡son muy pequeñas!». Pero también incluyen otro tipo de objeciones: el acabado de las prendas, los probadores, demasiado estrechos y la iluminación de éstos que no favorece porque una se ve gorda, el calzado, las colas para pagar, los pantalones para las bajitas, el desorden de la ropa a media tarde, el que si se quiere comprar a contracorriente no se puede porque sólo venden lo mismo que en todas partes, los mismos colores, los mismos cortes...

Si se tiene memoria histórica, antes nadie presumía de comprar en Zara, sino todo lo contrario. Si se compraba en Zara se ocultaba celosamente, se arrancaban las etiquetas de la ropa, se criticaba lo mal hecho que estaba todo. Las revistas de moda alababan su diseño pero advertían: «Es aconsejable lavar poco o nada la ropa de Zara. Alguns tejidos resisten muy mal la lavadora». «Para que no se sepa que vas de Zara —aconsejaban los expertos en estilismo—, huye de los estampados y de las prendas llamativas, compra colores neutros, básicos que puedas combinar con prendas de mayor calidad y que no van diciendo a gritos: voy de Zara.» «No me gusta ir como todo el mundo», sostenía yo por aquel entonces, disgustada por ver mi chaqueta o mis pantalones de florecitas clonados como ovejas *Dolly* por media España.

La evolución, aunque ahora parezca meteórica, fue lenta porque no se cambia de la noche a la mañana los procesos de mejora de calidad y producción. Eso cuesta mucho dinero. En tiempos pasados la mano de obra era desastrosa, las mujeres no sabían coser, los tejidos que compraban eran de bastante peor calidad, las máquinas no tenían las prestaciones de las de hoy, los diseñadores y patronistas carecían de los conocimientos, la formación y la experiencia de los actuales. La especialización apenas si tenía valor en una empresa donde un camionero podía llegar a convertirse en el mayor experto de camisería masculina.

Amancio, con el espíritu de los pioneros, puso su meta personal en conquistar Nueva York y codearse comercialmente con quien siempre había soñado —no de ningún otro modo dada su animadversión a la publicidad—. Se sentía un poco como ese Colón que pide las joyas a Isabel de Castilla para averiguar si hay tierra o no al otro lado del océano Atlántico. Beltrán recuerda que Amancio encargó a Jordi Bernardó y a su entonces ayudante Doris, el trabajo de diseñar una tienda maravillosa y ellos trabajaron día y noche con la convicción absoluta de que estaban haciendo algo grande, pensaban que iba a ser la bomba cuando se abrieran las puertas al público, pero no fue así. Era demasiado dinero el que costaba aquella tienda para que además le exigieran rentabilidad. Para un empresario capitalista como Amancio aquello debía considerarse un fracaso y, sin embargo, nunca lo contempló de este modo, pues por primera vez en su vida experimentaba la sensación de que estaba donde debía estar. A ese sentimiento personal (cuenta Beltrán que al jefe le conmovió hasta el más íntimo rincón del alma ver el nombre de Zara inserto en uno de los mejores tramos de la Lexington Avenue) los racionales ejecutivos de marketing se apresuraron a darle un nombre: «Tienda de imagen», lo llaman. Pues eso: de la calle Noya a Manhattan y del sótano al rascacielos. Nada más humano que ese ramalazo de despilfarro del zar Ortega. Pese a que se insista tanto en el éxito internacional de Zara, la memoria histórica está para algo, y también los avezados ejecutivos de la empresa se han pegado grandes tortas como la tienda parisina de la rue du Havre: cuantas más plantas se alzaban menos clientes había.

De todas formas, volviendo al asunto de la evolución de Zara, su oferta de moda sigue siendo un fenómeno sociológico digno de estudio. Han transcurrido los años y el cliente ya no se avergüenza de comprar parte de su vestuario —o todo, en algunos casos— en la cadena, pero continúa sin dilucidarse completamente el dilema de la autenticidad. Resulta que algo es auténtico o falso, no ya *per se*, sino porque quien lo lleva nos provoca esta impresión. Como en los casos antes referidos de la pintora y la conocida periodista española, la apariencia vacía de contenido cualquier escala de valores. Alguien lleva «cosas auténticas, no meras apariencias» porque así lo juzga el ojo pesquisidor. Una ecuación pobre y torpe, desde luego, pero harto eficaz. Que se lo digan sino al escritor Carlos Casares, quien descubre al lector sus propios prejuicios en un artículo titulado *Auténticos*, publicado en el diario *La Voz de Galicia*. Casares observa a una mujer, «hermosamente vestida, de una sencillez elegante», que lleva en la muñeca un reloj italiano y un bolso carísimo de marca. Por casualidad se entera de que ambos objetos han sido comprados por un puñado de dólares en Nueva York. «De pronto tuve que hacer un esfuerzo para que la mujer guapa me siguiera pareciendo elegante», dice el escritor. Durante algunos minutos Casares se siente irritado sólo por saberse arrastrado hacia una trampa, «la elegancia en aquel momento ya no dependía de lo que dependía apenas unos minutos antes, sino de la autenticidad de las marcas».

Consejos del experto para comprar en Zara

Gracias a Patricia hoy sé más que ayer pero menos que mañana. Como recordará el lector, este viejo eslogan, que yo he alterado parcialmente —el antiguo se refería a querencias—, se usaba como reclamo comercial del día de los enamorados. Nela cree que debería evitar estas referencias de medalla de oro que de cuando en cuando aparecen en lo que escribo pero, aunque me lo proponga, terminan saliendo, yo soy así, qué se le va a hacer, continuamente mezclo el culo con las témporas.

Le he pedido a Patricia que me haga un vademécum casero para el cliente de Zara y se lo ha tomado tan en serio que he tenido que reconducir el asunto hasta la racionalidad.

—No se trata de volver a escribir *El Quijote*, mujer, sólo dos o tres apuntes oportunos para que todos salgan de la tienda más contentos, vosotros por el negocio que habéis montado y el cliente porque le saca a sus compras el mejor rendimiento.

(Observo últimamente que la palabra rendimiento no se me va de la boca; parezco el director de Comunicación de Inditex, que siempre está hablando de la oportunidad de negocio y del precio bien posicionado, terminología que a mí me suena irremediablemente pija.)

Mis argumentos no la han tranquilizado en absoluto. De vez en cuando, la telefoneo a la tienda y le pregunto si ha avanzado ya en sus deberes domésticos y ella, sin inmutarse, me responde una y otra vez:

—Casi lo tengo, dame un par de días más y hablamos.

El tiempo ha ido pasando. Gracias a Dios, Patricia ha conseguido meter entre la tostada del desayuno y el yogur desnatado de la cena la tarea que le había encomendado y por fin está lista para darme una respuesta.

—Vamos a ver —le digo—, suponte que eres una estilista muy reputada y debes asesorar a un cliente acerca de cómo comprar en Zara, ¿qué le aconsejarías?

¡Cómo se me habrá ocurrido plantearle el asunto en tales términos! Esta Patricia se toma todo tan en serio que parece aquel personaje de la novela de Tom Sharpe metido siempre en problemas por la manía de interpretar al pie de la letra todo cuanto se le decía.

—Lo primero que yo haría —contesta Patricia con el guión ya muy elaborado— sería examinar a la persona, su constitución física, sus rasgos, el color del pelo, la forma de vestirse, con eso ya te haces una idea importante de cómo es quien tienes delante, luego le preguntaría qué clase de necesidades tiene en su vida diaria, y a partir de ahí improvisaría. Honestamente le daría mi opinión sobre qué prendas de la tienda podrían irle bien y gustarle de acuerdo con este conjunto de variantes... y le seleccionaría un muestrario para que pudiera elegir.

Vaya por Dios: lo que me temía, lo ha entendido todo literalmente.

—Eso está muy bien, pero lo que yo te pido es que me des unos cuantos consejos (la palabra directriz me suena algo retotolluda) para un cliente cualquiera. Suponte que estamos hablando de un cliente anónimo, alguien con una edad indefinida, sin sexo, sin estatura, sin clase social ni gustos definidos...

Patricia no puede evitar interrumpirme:

—Vamos, de un marciano, porque yo no conozco a nadie que responda a esas características.

—Mujer, yo me refiero a alguien corriente, alguien que no conozco —como mi lector entelequia, por ejemplo.

—¡Ah, es eso! —Patricia tamborilea los dedos sobre la barra metálica donde están colocados al menos veinte pantalones—: Veamos: existen unas normas generales que yo resumiría en varios apartados.

VADEMÉCUM CASERO DE PATRICIA

Primero: a Zara no se puede ir a comprar con la mentalidad tradicional porque el stock de la tienda se renueva continuamente: lo que hoy está, mañana puede no estar y viceversa.

Por lo tanto: visitar la tienda varias veces por semana: lunes y jueves para la ropa, y martes y viernes para los zapatos. Sólo hay reparto de complementos los jueves.

Segundo: los mejores jerseys de verano se compran en febrero y la mejor piel en agosto; los bolsos de fiesta en los primeros días de septiembre; los *barbour* para niños aparecen antes de la entrada al cole, luego desaparecen como si nunca hubieran estado a la venta, y los zapatos escolares lo más probable es que hayan volado en dos semanas. Lo que viene a principio de temporada no siempre se repite y suele ser de lo mejorcito.

A tener en cuenta: no perderse los inicios de temporada —febrero para primavera-verano y agosto para otoño-invierno—. ¡Ojo, porque el control de calidad en este momento es excelente, el más alto! Hasta seis o siete veces puede repetirse el patrón de un modelo y no digo nada más.

Tercero: aprender a comprar en Zara requiere su tiempo. Hace falta invertir ratos sueltos porque el resultado se rentabiliza rápidamente. Es obligado leer las etiquetas y aprender en plan autodidacto a distinguir tejidos y calidades. Existen asimismo unas pruebas caseras como arrugar en una mano un trozo de tela para conocer su comportamiento. También sería obligado dedicar unos momentos a la adquisición con objeto de sopesar el uso que se le va a dar y qué combinaciones admitiría.

Aviso: cuando se aguzan los sentidos se hacen compras sensacionales. Hay tejidos que se repiten temporada tras temporada, cambian los modelos pero la materia prima persiste. Los buenos, hay que apuntarlos y memorizarlos. Hemos llegado a repetir temporadas y temporadas un tejido cuyo resultado es excelente. Varían las hechuras pero la joya sigue apareciendo y el cliente avispado debe averiguarlo.

Cuarto: teniendo en cuenta que tenemos 450 Zara y que todas van a proveerse en principio de dos prendas por talla de un modelo, es muy probable que si un cliente ve algo que le gusta y no lo compra se quede sin ello, porque si bien existen probabilidades de que vuelva, no las hay tanto de que el tejido sea el mismo. Una simple operación de cálculo, dos trajes por talla multiplicados por 450 puntos de venta, nos advierte del peligro de no comprar a tiempo pues no siempre el proveedor, caso de que el tejido no sea de la casa, podría volver a proporcionar esas cantidades astronómicas de tela.

En este sentido Zara es la primera en ser exclusiva al uso de las grandes marcas. Lo que se compra a buen precio no tiene por qué no ser exclusivo, dado que difícilmente el cliente lo va a encontrar en la calle por docenas.

El que avisa no es traidor: una prenda que se teme perder debe comprarse. Luego siempre hay tiempo para cambiarla o pensárselo mejor y recobrar el dinero. Esto también rige para los complementos. Se dispone de un mes para las devoluciones, siempre y cuando se presente el ticket de compra (hasta en época de rebajas se sigue esta política).

Quinto: las mejores adquisiciones de Zara normalmente están relacionadas con el precio que ese producto tendría en otra empresa cuyo volumen de negocio resulte sensiblemente inferior al suyo. No es lo mismo adquirir 20.000 unidades de un modelo de bolso de fiesta que 100, y eso repercute en el precio final siendo las calidades exactas. A mucha gente le intriga la forma de proveerse de Zara. Algunos clientes me preguntan: «¿Cómo hace Zara para conseguir que le fabriquen tal accesorio?». Digamos que disponen de tres canales:

—Ferias.

—Ofertas directas de proveedores a través de catálogos y muestrarios.

—Búsqueda del fabricante *ad hoc*.

(Patricia no entra en detalles de la forma de trabajo de los zaritos. Así pues me veo en la obligación de ampliar la información. Los zaritos van a lo práctico y utilizan estrategias directas: nos gusta esto, ¿a cuánto nos lo podéis hacer, teniendo en cuenta que el precio final será tanto? Si conviene se cierra el acuerdo y si no con la música a otro lado.)

Sexto: contar con una persona de confianza en la tienda ahorra tiempo, genera unas sanas relaciones que hacen más agradable la visita a la tienda y ayuda en las compras. El asesor elegido no tiene por qué ser el encargado de la tienda ni tampoco el segundo de a bordo, puede ser un responsable de sección o sencillamente un vendedor con gusto y estilo. Por otra parte, sus propuestas no hay por qué tenerlas en cuenta siempre. Cuando al cliente le apetezca curiosear por sí mismo no tiene más que decirlo, en seguida su estilista personal se evaporará.

Para no pensárselo dos veces: un estilista de Zara vale su peso en oro y ofrece más ventajas que inconvenientes. Esta persona generalmente dispone de una información privilegiada, de la cual el cliente puede beneficiarse también: muchas veces sabemos qué se puede convertir en inencontrable o si un tejido es de la casa y por tanto volverá en nuevas entregas.

Séptimo: prestar atención a la salida del catálogo de Zara, que se publica dos veces al año en cada inicio de campaña: primavera-verano y otoño-invierno. Está a disposición de los clientes en los mostradores de las tiendas y es gratuito. La calidad de sus fotografías (no en vano han trabajado para Zara los más reputados fotógrafos de moda y top models) ha atraído la atención de los coleccionistas de catálogos. En Zara lo concebimos como un manual de propuestas.

Ojo: de extrema utilidad para quienes dudan sobre cómo combinar prendas y conseguir conjuntos resultones. Para ellos el catálogo funciona como un silencioso y práctico aliado. (Y todo se puede encontrar en las tiendas.)

Octavo: la casa tiene a gala vender mercancía libre de taras. Cualquier prenda defectuosa puede ser devuelta aunque se le haya arrancado la etiqueta y haya sido usada. Lefties es una cadena de tiendas donde se vende la ropa con alguna tara y prendas que han sido retiradas de las colecciones aun estando en perfecto estado.

De modo que una máxima de libro: el cliente no tiene por qué aguantarse con algo que no responda a sus expectativas, siempre y cuando la responsabilidad del defecto sea de la empresa y no del cliente.

En el número 10 de la calle Carretas de Madrid hay un Lefties donde merece la pena pasarse de vez en cuando para conseguir buenas gangas.

Noveno: aprender a diferenciar las líneas de la marca (por ejemplo, en señora se distinguen claramente tres estilos: Basic, Trafaluc y Woman) ofrece información extra. Los precios suelen estar acordes con las calidades y con el escandallo previo que se ha realizado sobre el coste final de la prenda.

Nota: hay ciertos tejidos que son carísimos y su adquisición no se rentabiliza en esta mercancía concreta aunque sí en otra cuyo coste haya sido inferior. Hacerse con una de estas prendas es un verdadero lujo. Con bastante frecuencia reputadas firmas internacionales y nacionales de moda están comprando lo mismo que los comerciales de Zara. ¿Que cómo puede ser esto? Muy sencillo; las marcas se ven obligadas a repercutir en sus precios finales las cantidades desorbitantes de los gastos en publicidad, marketing y comunicación generadas por sus departamentos, algo en lo que Zara no invierte una peseta. Y encima se da la paradoja de que Zara saca provecho de la publicidad de las grandes firmas, llegando incluso a complementarlas. Hacerse con una de estas joyas es posible si uno es perseverante. Naturalmente esta información privilegiada hay que saber de dónde se puede obtener y de quién, pero eso sólo compete a la habilidad y sagacidad de cada cliente.

Décimo: nunca está de más hojear revistas de moda antes de pasarse por la tienda. Sorprende la genial interpretación que los patronistas y diseñadores de Zara hacen de las pasarelas internacionales. Una falda de la cotizada Jill Sander por 7.995, un jersey de Celine por 4.995, un vestido de Donna Karan por 8.995, unos zapatos de Prada por 6.995. Los diseñadores tienen perfectamente asumido que quienes mandan no son ellos sino los medios de comunicación y para ellos tienen que hacer atractiva la moda.

Guiño: la información es el valor en alza del ciudadano del siglo XXI. No hay por qué privarse de ir a la última sin atracar el bolsillo a mano armada. Lo más inteligente es adaptar lo que se lleva a la personalidad propia.

Undécimo: el fin último de cualquier empresa es vender, también el de Zara. Sin embargo, no siempre hace falta entrar en las tiendas con la intención de comprar. Asimismo vale pasarse para echar una ojeada e informarse de lo nuevo que llega.

Aviso: ciertas conductas patológicas conducen a la compulsión. La zaramanía es una enfermedad recientemente catalogada, cuyos síntomas pueden resultar desde inofensivos hasta muy graves. Todos los excesos son negativos para el equilibrio y la salud personal. Como en todo en esta vida existe una justa medida.

Duodécimo: no hay nada tan sencillo como ir formando un fondo de armario con básicos de Zara. La trayectoria de la casa ha logrado que hayan ganado merecida fama las americanas, tanto las femeninas como las masculinas, por sus cortes impecables, los abrigos por una insuperable relación calidad-precio, los pantalones de lana y el punto, excelente en las últimas temporadas. En cuanto a la ropa sport y a Trafaluc, la marca casual de Zara, cada día tienen más predicamento entre mujeres mayores de veinte años. Asimismo los polos infantiles de colores, el calzado y los chubasqueros siguen ganando adeptos entre los padres previsores.

Coco Chanel tenía varios pares de pantalones de un mismo modelo al efecto de lucir impecable en todos los momentos del día. Siguiendo su ejemplo, en el caso de encontrar prendas que sienten como anillo al dedo, ¿por qué no hacer acopio de más de una, ya sea en diferentes colores o tejidos, cuando no en el mismo, para evitar que el desgaste normal de las prendas o un simple accidente fortuito se cargue algo de nuestro armario que apreciamos por lo bien que nos queda?

También vale: algunos clientes, no obstante, prefieren comprar en Zara lo que es última moda para combinarlo con ropa de marca. Para esta clase de cliente también Zara se descubre como una mina. Un ejemplo: hay quien compra cuatro o cinco pares de zapatos entre botines, botas, tacones y mules o varios trajes de chaqueta para luego mezclarlos con ropa más clásica e incluso con algún accesorio de lujo clásico como el famoso bolso de Gracia de Mónaco de Hermés o el amazona de Loewe.

Décimotercero: cuando no se dispone de otras horas para ir a Zara más que las del común mortal de los trabajadores, es preferible registrar las estanterías y percheros, hacer acopio de material y luego meterse con todo en el probador. Sienta fatal tener que hacer cola y luego encontrarte con que no te has probado algo que has visto después.

Advertencia: elige, prueba y, luego, si has encontrado lo que buscabas, a pasar por caja. En el probador se pueden entrar hasta seis prendas. Si los horarios laborales lo permiten es mejor visitar la tienda entre semana y por la mañana o a la hora del mediodía, siempre que la tienda abra en ese horario.

Décimocuarto: las rebajas son una buena ocasión para hacerse con prendas interesantes y completar las carencias. Atención a las gabardinas cortas y trincheras tipo Burberry que llegan sobre pedido en los últimos días de enero, las chaquetas negras clásicas, los jerseys más coloristas y desenfadados, las camisetas básicas de 995 pesetas, los vestidos de tirantes multiestampados o la lencería de Goasam que desaparecerá con el cierre de la fábrica.

No merece la pena pegarse con nadie ni tener una trifulca por mucho que se desee una compra. Lo mejor es procurar estar de los primeros en el comienzo de las rebajas y estudiar la colocación de las prendas que se quieren adquirir. Y si se tienen influencias y se cuenta con amistades de peso, como por ejemplo el mandamás de la tienda, se puede intentar que le guarden a uno algo muy deseado.

Consejo: conviene probarse días antes lo que se quiere comprar y no perder tiempo en los probadores, saturados durante esos días.

Décimoquinto: ocurre en ocasiones que un cliente se encapricha de algo que vio un día y ya no volvió más. Para estos casos existe un proceso de búsqueda entre las propias Zara cuyo fin último es satisfacer a este cliente. Los sábados cada tienda efectúa su *pedido especial*, compuesto por aquella mercancía que los clientes demandan y para la cual es necesario cruzar en los programas informáticos ofertas y demandas. Normalmente, salvo que la prenda esté agotada, el cliente consigue su propósito y si no le va bien, no está obligado a quedársela.

Dato: este servicio funciona todo el año, salvo en período de rebajas.

CUANDO LAS PALABRAS QUIEREN DECIR OTRA COSA DISTINTA DE LO QUE ENUNCIAN

El *prêt-à-porter* es un invento reciente, pero esto no significa que antes de su invención el mundo, *stricto senso*, fuera ajeno tanto a la preocupación de vestirse como a la moda. Antiguamente el traje tenía un marcado significado social; por sí mismo se consideraba un elemento de información muy valioso, cada uno se vestía según quien era y ahí acababan todos los conflictos.

Mi bisabuelo Luis tenía la costumbre de dormir la siesta en la cama y en pijama. Un día se presentó después de comer un peón para hablar con él de un asunto urgente. El hombre no fue prudente eligiendo la hora, pero mucho menos lo fue mi abuela cuando le dijo a su suegro que abajo le esperaba un señor. De acuerdo con lo que mi bisabuelo entendía por un señor no tuvo más remedio que vestirse de la cabeza a los pies antes de bajar, de un humor que se lo llevaban los diablos por la intromisión. Pero cuando vio al señor empezó a echar venablos y maldiciones. En el colmo de la furia gritaba como un poseso: «¿Un señor?, ¿esto es un señor?». El peón, que no se consideraba a sí mismo un señor, no sabía cómo comportarse porque él no tenía ninguna culpa de que le hubiesen presentado con esa tarjeta de visita, y mi pobre abuela descompuesta balbuceaba: «¿Y cómo tenía que haber dicho, padre Luis?». La lógica aplastante de mi bisabuelo desbarató el conato de discusión: «Un hombre, eso es lo que me tenías que haber dicho y yo ya hubiera entendido y no me habría tenido que poner el traje de las visitas, Isabel María».

El cambio de siglo ha puesto el mundo al revés. Hace unos años las calles estaban inundadas de gente rica con rotos en los pantalones y de pobres que no se privaban de comprarse un traje de fiesta aparentón para la Nochevieja. La moda fomenta este equívoco y se divierte desclasando a la sociedad, de ahí la andrajosa «moda mendigo» postulada por Marc Jacobs (futuro diseñador de Vuitton), que convertía a los mamarrachos que seguían sus directrices en pobres de solemnidad, pero no al estilo Carpanta, tan digno él con su raído traje negro, sino como los mugrientos que huyen de la pastilla de jabón y el agua como de la peste, por si acaso se encuentran dedos dentro de los zapatos.

El siglo se ha despedido con un repaso a todas las décadas de su historia. Durante el último otoño de 2000 hemos visto desfilar por la pasarela del mundo Jackelines Kennedy, hippys, Lolitas, Marlenes Dietrich, Marilynes, robots andróginos, trogloditas, existencialistas de la escuela de Sartre y Simone de Beauvoir, corredoras de fondo, excursionistas, campesinas, andys warhols, guerrilleras, monjas (de las de hábito), geishas y urbanitas. Esto ha sido un circo. Pero este circo ha tenido sus *performances* y también sus hombres —curiosamente el mundo de la moda femenina sigue dominado por hombres que se empeñan en tratar a la mujer como si fuera su peor enemigo, de ahí que la coloquen en los rigores del invierno sin medias, con tirantes y prácticamente en bragas para que coja una pulmonía y muera antes de decir amén—. Zara, en su afán por vender, ha asimilado a la perfección este mensaje de disolución. Los diseñadores y sus respectivas casas comerciales —no perdamos de vista que la moda es sólo un negocio y no una fábrica de sueños, como andan diciendo por ahí cuatro tontainas— han reservado para los albores del siglo XXI un mensaje de escepticismo: «Cualquiera sabe adónde vamos», parecen decirnos; así pues, todo vale: lo largo y lo ultra corto, lo caliente y lo frío, lo áspero y lo suave, lo caro y lo barato, lo tradicional y lo ultramoderno, lo convencional y lo excéntrico. Nadie debe sentirse excluido en este carnaval de identidades donde los africanos van disfrazados de yankis, los yankis de samuráis, los samuráis de hip-hop, los hip-hop de cavernícolas, los cavernícolas de beduinos y los beduinos de alegres zíngaras...

Como quiera que en el fondo todos vamos vestidos de lo mismo, los deseos de diferencia y distanciamiento de los otros se antojan un imposible.

Zara no ha sido la única que ha evolucionado en los últimos años. Podríamos decir que su evolución ha ido yuxtapuesta al proceso de rejuvenecimiento que ha experimentado la moda en el devenir de la segunda mitad del siglo XX. En mi afán por relacionar todo he recortado de periódicos y revistas cuanto artículo salía con la palabra «moda» en titulares. Al parecer, ni una sola empresa diseña, produce o vende para una mujer u hombre que no sea joven, inteligente, moderno, urbano, que desee sentirse cómodo y guapo con su atuendo y que de igual manera no renuncie al estilo —ahora está feo decir clase, que es una palabra con demasiada carga peyorativa— y al sello de calidad. ¿Por qué esto?, me he preguntado en un enjundioso afán de evitar una respuesta simplista. Con ayuda de los libros y de los comentarios de las personas cuyas reflexiones me merecen respeto, he llegado a la conclusión de que esto es así porque hemos inventado entre todos la eterna juventud, ésa que evita a toda costa palabras como muerte, enfermedad, ancianidad, madurez, crecimiento, responsabilidad, evolución, cambio y sobre todo la palabra tabú: ¡arruga! Adolfo Domínguez se inventó para vender su lino el famoso eslogan de «la arruga es bella». Hoy en día la arruga no es bella siquiera en el lino. La arruga es evitable con un simple lifting y el que quiera tener un aire más juvenil no tiene más que comprar en Zara —si le da la talla— o en cualquiera de las marcas en que la empresa española se inspira.

A estas alturas el lector entelequia se estará preguntando quiénes son estos popes que abanderan el mercado de la moda y por qué despiertan tantos entusiasmos. Hagamos pues el repaso.

Las marcas que inspiran a Zara

He consultado a mis confidentes secretos para no dar gato por liebre y me he encontrado con que todos tienen opiniones diferentes sobre el tema, aunque existen unos cuantos nombres en los cuales todos están de acuerdo. ¿Quiénes?

1. La brigada de Bernard Arnault

GIVENCHY: La marca de Hubert de Givenchy ha sufrido un lavado de cara radical. Arnault ha puesto al frente de la prestigiosa casa a un inglés con aspecto de trabajar en el muelle, cuyas decisiones levantan más polvareda que una traca de cohetes. Dicen de él los expertos que es un magnífico modisto por sus conocimientos de costura. La juventud de Alexander McQueen está al servicio de una moda también para gente joven y con alto poder adquisitivo. (Al parecer, según cuentan las revistas de moda, McQueen se ha fugado al grupo

Gucci donde a partir de ahora diseñará una colección con su nombre.)

Louis Vuitton: De la añeja imagen multicopiada de sus bolsos y maletas de equipaje ha pasado a ser una firma de moda reseñada en toda revista que se precie. El responsable del cambio ha sido el neoyorkino Marc Jacobs, un diseñador algo más madurito que McQueen y el primero en diseñar una línea de ropa para Vuitton. A Jacobs le vendría estupendamente el calificativo de Enzerberger de diseñador bien retribuido que pone todo su empeño en crear variantes de un desaliño siempre igual (la casa, no obstante, lo vende como *lujo descomplicado*). Lo tratan muy bien en todas las publicaciones de moda y sus cordones de cuero entremetidos en los tejidos, sus cazadoras de mecánico, sus líneas simples y sus cuellos se ven reproducidos como las esporas. (Que se lo pregunten si no a Zara.)

Celine: El espíritu de Celine está en el corte. Ése es el mensaje que Michael Kors, también neoyorkino como Jacobs, ha extraído de su maridaje con la prestigiosa casa de modas. Sus jerseys de lady se pueden ver apilados en las estanterías de Zara —a otros precios, naturalmente—, así como sus depurados vestidos y sus faldas de corte limpio. Su ropa está considerada «para gente urbana». Como buen americano imprime a sus diseños un contenido deportivo aunque lujoso. El calificativo de sport lujoso que otorgan los expertos a los diseños de Kors para Celine como a los de su línea propia me recuerda una anécdota que le oí a un antiguo miembro de Protocolo de la Casa Real española. Al parecer el embajador de Estados Unidos en España invitó a un grupo de personas, entre las que se encontraba este militar, a una fiesta vespertina en la embajada. En la invitación figuraba la indicación: vestimenta informal, y el buen hombre tradujo: sport fino, y como tal se vistió con pantalón, camisa y americana, introduciendo una corbata en el bolsillo por si las moscas. Cuando llegó a la fiesta, el embajador y compañía andaban en vaqueros y camisas de leñador asando en una parrilla olorosas chuletas.

No sabía dónde meterse.

LOEWE: Durante décadas Loewe ha sido la firma española de lujo más internacional; ahora ya en manos de Arnault, también se ha sometido a la cirugía. El responsable del rejuvenimiento ha sido otro norteamericano: Narciso Rodríguez, hijo de cubanos y nieto de españoles. Narciso saltó a la popularidad por diseñarle el traje de novia a la esposa de John John Kennedy, hijo a su vez del más famoso presidente de la historia de los Estados Unidos.

Sus diseños se distancian del estilo de McQueen y de John Galliano, la última adquisición de la casa Dior, pero todos los expertos coinciden en señalar que su experiencia laboral con Cerruti y Calvin Klein se nota, aparte, claro está, de su talento. En Zara se pueden encontrar sus vestidos de noche y sus zapatos más elegantes.

KENZO: Hace unos años Kenzo era Kenzo, ese japonés bajito y sonriente que hizo del color su forma de expresión. Ahora es Bernard Arnault y los diseñadores Gilles Rosier y Roy Krejberg. De todas maneras los herederos han tenido en cuenta su estética colorista y vital a la cual sigue fiel su clientela.

DONNA KARAN: De momento es la última adquisición del ambicioso Arnault. En los primeros años ochenta aparece en escena esta diseñadora neoyorkina. Su trabajo dirigido a un público cosmopolita, de alto poder adquisitivo y con exigencias de comodidad es muy celebrado en Zara. La mayoría de los diseñadores de la casa se pirran por los inventos de Donna Karan. Es posible encontrar en Zara sus cómodas zapatillas blancas, sus vestidos a media pierna de un corte perfecto, sus bolsos sencillos y prácticos, sus capas negras, sus jerseys de mangas extra largas y sus conjuntos del look blanco y negro, por sí solos o combinados entre sí, tienen la mejor expresión de los gustos neoyorkinos. No en vano Nueva York es para esta diseñadora, que frisa los cincuenta, su más genuina fuente inspiradora.

2. Los otros

Calvin Klein: El gran gurú del minimalismo norteamericano ya no retiene su puesto de honor en Zara. El «menos es más», lema del minimalismo que no inventó él sino el arquitecto Mies van der Rohe, ha perdido vigencia entre los diseñadores zaritos más inclinados a los guiños de glamour italiano en estos momentos. La mujer minimalista era por fuerza un ser delgado, lánguido, andrógino y enemigo declarado de los abalorios y los colores ácidos. Esta mujer no podía llevar más de la talla 42 porque si no reventaba las líneas estilizadas, tampoco podía ser bajita porque necesitaba tacones y no se podía permitir esas sandalias a ras del suelo, extra planas con cuatro tiras o sólo una, las bailarinas y mules. El regreso del barroco se ha traducido en el aumento de tallaje en los percheros de Zara. Lo que se lleva ahora es la mujer con formas al estilo de Giselle o de Laetitia. Sin embargo, el espíritu de Calvin Klein —y también de Donna Karan— está presente en la nueva escenografía de Zara, extendida ya a muchas de sus tiendas de nuevo cuño así como a algunas de las antiguas. Recuérdese que Zara se lava la cara cada cierto tiempo, porque la moda cambia y su envoltorio también.

PRADA: Hoy por hoy la reina del estilo Lady es fetiche de zaritos. Fundada por el abuelo de la actual propietaria, a la casa milanesa se le atribuye buena parte de responsabilidad en la actual entronización del burgués chic. A los diseñadores de Zara el trabajo de Miuccia les apasiona, y no son los únicos puesto que Prada ha tomado el relevo a Armani y a Versace en cuanto al selllo *made in Italy* se refiere. Los artilugios de Prada en sustitución de los botones, sus zapatos y bolsos reiteradamente imitados, su uso de distintos materiales y sus combinaciones, que pondrían los pelos de punta a los cultivadores de belleza (Miuccia tiene la teoría de que hay combinar todo: lo feo con lo bonito, lo práctico con lo inútil...), han conseguido que a esta mujer —de los pocos casos femeninos en el tinglado de la moda— le salgan docenas de imitadores dentro y fuera de Italia.

Zapatos, abrigos y bolsos aparecen como por arte de magia en los exhibidores de Zara.

GUCCI: A punto estuvo Bernard Arnault de entrar a saco en la legendaria casa italiana pero se quedó con las ganas. Tom Ford reivindica la necesidad de humor y felicidad para el cambio de almanaque. Según Ford, el negro se recordará como el color de los noventa. Gucci impuso los vaqueros con pluma y el look hippy al que Zara se apuntó de inmediato. En la primavera-verano de 1999 se pudieron ver en los percheros de Zara conjuntos de amebas y paramecios en turquesas, blancos y colores brillantes que se habían visto en la pasarela de Gucci.

¿Eran de Gucci los pantalones de Jaime de Marichalar?

JILL SANDER: La casa alemana emociona a los profesionales de Zarápolis. Nadie como la diseñadora de Wesselburen para siluetear a la mujer y permanecer en la brecha, fiel a su línea clásica, sin estridencias, innovando en los tejidos. A los zaritos, más que prendas en concreto de sus colecciones, les gusta el aire Sander y su fidelidad al concepto de austeridad germana practicado desde que la diseñadora presentó su primera colección, allá por 1974. En la actualidad, por desacuerdos con el matrimonio Bertelli-Prada que adquirió su empresa, Jill Sander se ha despedido a la francesa.

Miu-Miu: El nombre de la marca remite al apodo infantil de su creadora: la empresaria italiana Miuccia Prada. A los zaritos lo que más les atrae de esta línea pensada para gente joven son los complementos: los bolsos de Miu-Miu, como los de su hermana mayor, la imitadísima Prada —pero también los de la neoyorkina Donna Karan—, abarrotan los estantes de Zara.

Ungaro: También de los grandes modistos sacan los gallegos inspiración. Para muestra un botón: no hay más que echar la vista atrás y rastrear el look pirata propuesto por Ungaro para la despedida de la última temporada del siglo XX. Sus camisas envolantadas en pechera y puños fueron solicitadas en la multinacional gallega hasta la saciedad.

Naturalmente hay más. La lista resultaría interminable si reseñamos todas sus influencias: Versace, Chloé, Cavalli, Chanel, Yamamoto, Carolina Herrera, Max Mara, Ferragamo, John Galliano, Gaultier, Armani, Valentino, Anna Sui, Saint Laurent, Lempicka y los españoles Pernas, Verino, Sybilla, Schlesser, Veva Medem, Purificación García, Lleneró, Arzuaga, Adolfo Domínguez. Eso ya va a gustos y opiniones, si bien el estilo predominante en la última temporada tanto para señora como para caballero y niño ha sido la ostentación del lujo burgués.

Tom Ford, diseñador de Gucci, afirma en una entrevista para *El País Semanal* que «lo que venden las marcas es más una forma de ser que un producto». ¿Que cómo deben interpretarse estas palabras? Los Bigi japoneses, grandes almacenes donde todo carece de marca, formulan el concepto contrario: la marca estorba y por eso cumple eliminarla. Llevar en la pechera o en la rabadilla el monograma de Chanel, Klein, DKNY o la B diamantina de Blumarine no sirve para nada, excepto para funcionar por el mundo como etiquetas ambulantes. Pero si se suprimen los monogramas, los sellos de marca, las letras entrecruzadas o los dibujitos del caballo, el cocodrilo o la medusa, ¿cómo harán los diseñadores de las casas de moda para decirle a sus clientes: ¡ojo, ustedes están comprando más una forma de ser que un producto!? Si algún lector conoce la respuesta para esta pregunta del millón, le ruego encarecidamente me la haga llegar por los medios que considere oportunos. Y si esta invitación a comerse el coco provoca muchas reflexiones entre el respetable, quién sabe, a lo mejor me hago especialista en buscarle tres pies al gato. Voy abocada a ello, me temo.

La competencia pura y dura

Sigo con la resaca de la gripe pero ya he logrado levantarme y comer con apetito. Catuxa opina que lo que tengo es cuento chino. Según mi asistenta estoy deprimida porque en otoño, la época de la berenjena, aparte de caerse el pelo, se deprime la gente. A mi entender esta mujer tiene dos defectos de bulto, el más grave me lo callo porque no es cosa de escribirlo, el segundo es que habla incluso de lo que no sabe. En mi tierra eso es ser un bocazas, en la suya me parece que también.

Lo que sí puede tener visos de profecía es que si no acabo este libro pronto me veré obligada a pedir cita al psicoanalista. Mi madre ha puesto el grito en el cielo cuando se lo he insinuado.

—Ahora a las mujeres también les dan infartos, tenlo en cuenta.

También nosotras nos morimos como ellos, ha venido a decirme.

—No exageres —le he rebatido—. Hago mucho el zángano y busco cualquier pretexto para escaquearme del trabajo... Ya sabes que tengo vocación de papamoscas.

Mi estrategia de descargo no ha surtido efecto porque en cuanto he dejado de hablar mi madre me ha replicado:

—Carrera que da el caballo en su cuerpo se la encuentra —ella es así como un Sancho Panza erudito—. Tú no te cuides que ya verás como pasas por caja a pagar.

Puede que tenga algo de razón. Antes sólo morían jóvenes ellos, de un día para otro: sanísimos, en plena flor de juventud, que se dice. Yo me fijo mucho en las esquelas de los periódicos, una manía estúpida como otra cualquiera, y recorto los apellidos y nombres que me gustan como Donapetry, Lata, Aldegunda, Isolino, Bestilleiro, Esclavitud. Luego miro la edad del óbito e inmediatamente pienso: ¡Qué alivio, todavía me quedan cuarenta y siete años de vida!

Observo con cierta preocupación que de día en día crecen las muertas en la flor de la vida. Sostenía un psiquiatra en el periódico —no recuerdo el nombre de la eminencia— que la mujer subsiste mejor que el hombre porque sabe alimentarse y ellos no, los hombres se mueren no de amor sino de inanición, de comer latas de sardinas y de no saber moverse por un supermercado —cuánto menos por una cocina— sin sufrir un ataque de ansiedad. A lo que parece, las mujeres hemos hecho el primo; ahora también nos morimos de cáncer de pulmón y de infarto por estrés.

Esto que hago yo, en la jerga teatral se llama meter morcillas. En lenguaje literario, siempre más solemne, se denomina disgresión. Por ejemplo, cuando el protagonista de *En busca del tiempo perdido* de Proust moja una magdalena en la taza de té y se pasa, ni sé cuántas páginas pero muchas decenas, desentrañando los recuerdos derivados de ese gesto, a eso se llama divagar. A mí me pasa lo que a Proust, que divago, me voy de una cosa a otra y de paso me ahorro las 7.000 pesetas de la sesión del psicoanalista. Resulta que escribiendo este libro he descubierto bastantes aspectos sobre mi carácter que si bien no ignoraba tampoco se puede decir que me los atribuyera. Pero esto: ¿a quién puede importarle?

Pido perdón.

Yo de lo que quería hablar era de la competencia pura y dura. Hoy en día la competencia en el mundo se revela tan feroz que las propias empresas inventan contrincantes de sus propias arcas. Bershka, Massimo Dutti, Pull&Bear y Stradivarius compiten con Zara. Leche Pascual tiene otras segundas marcas en el mercado como Intermilk. Springfield compite con Cortefiel. La colección de marcas de lujo de Arnault persiguen que el glamour quede en casa. En las firmas de cosméticos esta lucha es ya antigua y obedece a estrategias de mercado: Esteé Lauder, Clinique, Mac y Revlon se reparten los trozos de la torta en cremas, perfumes, productos para el cuerpo y cosméticos, incluso pueden llegar a tener el mismo cliente —como es mi caso— pero tratan de evitar por todos los medios dejar un resquicio abierto a la competencia del mercado en disputa. Para conseguirlo no les queda otro remedio que competir entre ellas.

Las francesas Promod y Kokai, la holandesa C&A, recién sometida a un lavado de cara para captar clientela joven —por cierto que no ha servido de mucho, anuncian el cierre—, la sueca Hennes & Mauritz, la italiana Benetton, las estadounidenses Banana Republic y Gap, la británica Marks and Spencer y las españolas Zara y Mango —ahora también Blanco— compiten por el mismo segmento de mercado. Naturalmente, cada una de estas cadenas tiene unas características propias que la diferencian de los demás e incluso permite establecer diferencias sustanciales en cuanto a personalidades.

La española Mango ha sido, de entre todas las nombradas, la empresa más agresiva a la hora de invadir comercialmente el mercado europeo.[4] Su proyección internacional ha resultado tan meteórica como la de Zara pero entre ambas empresas existen diferencias de peso que conviene resaltar.

Mango fue fundada en 1984 por Isak Andic Ermay, un joven turco de origen sefardí, establecido en Barcelona para completar sus estudios de posgrado. Sus inicios en el negocio textil se produjeron en los mercadillos de la periferia barcelonesa. Su éxito lo llevó a abrir la primera tienda Mango ni más ni menos que en el señorial paseo de Gracia de la ciudad condal. De aquella primera tienda al segundo puesto en el ranking internacional de exportación española —detrás de Zara— a su presencia en cerca de medio centenar de países, sólo han transcurrido quince años.

Aunque el creador de Mango (MNG es su marca internacional) niega el parecido con Zara, lo cierto es que a ambas cadenas sólo las separan dos peculiaridades: la primera y más importante que Mango no fabrica y, por lo tanto, subcontrata su producción en los mercados asiáticos, africanos y europeos, según sus necesidades y la urgencia de los encargos; la segunda, que a diferencia de los gallegos ha centrado su objetivo de mercado en la mujer, desentendiéndose del segmento infantil y del hombre.

Mango sí hace publicidad: ha contratado a famosísimas top models para hacer sus campañas, dispone de una página Web, una tienda *on-line* y publicaciones propias en las cuales mantiene un servicio de prensa para informar a los clientes de todo lo que atañe a la empresa. Asimismo presenta sus colecciones

4. De hecho, ha sido la primera en lograr la proeza de inaugurar una tienda en suelo italiano.

en la red. Su objetivo es que la mujer —joven, urbana y de mentalidad actual— pueda comprar todo en la tienda: desde la ropa de calle a la de noche pasando por la ropa de deporte y los complementos. El éxito de Mango debe atribuirse al buen hacer de un tándem bien compenetrado: el presidente de la compañía, Isak Andic y el director general, Enric Casi, pero también a la aplicación de una fórmula comercial casi inédita en España: la franquicia por depósito. Este modelo, perfectamente compatible con el sistema *just in time*, permite a los franquiciados pagar al franquiciador cuando vende la ropa y no antes; así evitan los problemas que tienen las franquicias tradicionales en las que el franquiciado es quien decide cuánto y qué quiere comprar.

La franquicia también fue el arma de crecimiento de la italiana Benetton.

En 1935 venía al mundo Luciano Benetton en un pequeño pueblo de la provincia de Treviso. A los nueve años se quedó huérfano. La consecuencia más inmediata de su orfandad fue la de abandonar el colegio y ponerse a trabajar en un establecimiento de tejidos y confección. Unos años después propone a su hermana Giuliana, modista de profesión, montar su propio negocio.

En 1965 los hermanos Benetton: Luciano, Giuliana, Gilberto y Carlo crean la firma comercial Hermanos Benetton. En 1969 ya abren su primera tienda en París. A principios de los noventa, Benetton ya tenía más de 6.000 puntos de venta repartidos por Europa y América. Hasta 1999 Benetton ganó más dinero que la gallega Zara, siendo la facturación de ésta inferior, pero ese año el negocio dio un giro y la empresa española se situó por encima en cuanto a beneficios y ventas.

El éxito más reconocido de Benetton ha sido su estrategia comercial, diferente a cuantas se aplican en el mercado. Una publicidad revolucionaria en la que nunca sale el producto y que conmociona socialmente por el contenido: monja y cura besándose, preservativos de colores, el propio Luciano desnudo, imágenes de un enfermo terminal de SIDA, tres corazones en carne viva de personas de distinta raza, convictos en los corredores de la muerte..., alía al publicista Oliverio Toscani con el empresario Luciano Benetton en una pareja dispuesta a romper moldes y esquemas tradicionales en el mundo de la comunicación. El matrimonio de estos dos exhibicionistas de la moda ha acabado, no obstante, en ruptura por imperativos del todopoderoso mercado norteamericano, favorable a la pena de muerte, y que no ha perdonado su última campaña protagonizada por presidiarios en espera de ejecución.

La cara más oscura del imperio Benetton está ligada a la etapa de Luciano en política. En 1994, dos años después de ganar un escaño, se ve obligado a abandonarlo para someterse a la Justicia por una acusación de delito de bancarrota y falsedad documental.

El sello verde de los Benetton ha copado el mercado de los complementos de moda incluyendo maletas, equipajes, paraguas, perfumes, líneas de baño... Todas ellas dirigidas a la mujer y a los niños, desentendiéndose por completo de la moda masculina.

Precisamente de la moda masculina se ocupa Cortefiel, la otra cadena de moda competidora de las españolas Zara y Mango.

El grupo Cortefiel ha diversificado su oferta con marcas propias, dos de ellas dirigidas en exclusiva al mundo masculino: Springfield y Milano, otra a la lencería femenina: Women's Secrets y aún otra combinada hombre-mujer: Cortelfiel. Aparte debe mencionarse su participación en cadenas como Don Algodón, Perfumerías Douglas y Marks & Spencer.

Los orígenes de Cortefiel hay que buscarlos a principios del siglo XX en un pequeño comercio de la calle Romanones de Madrid. Primero fue camisería, luego sastrería y en la década de los cincuenta dio el salto a la fabricación y la confección. Veinte años después, este grupo empresarial cotiza en bolsa y se ha aliado con la empresa española Tabacalera, creando Via Plus para la explotación del comercio electrónico a través de la red de estancos, internet, gasolineras e incluso en algunas oficinas de Argentaria, una novedad que no ha tenido la aceptación social que la empresa esperaba. La empresa participada de Cortefiel en un 25 por ciento se propone traspasar la barrera de la moda para vender de todo. Las grandes multinacionales del sector saben que el trozo de pastel destinado a moda adulta está en recesión. Otros intereses acaparan el interés de los consumidores mayores de treinta años, por ejemplo: ocio, vivienda, transporte, viajes, decoración, etcétera. Una forma de no perder el tren es cambiando de locomotora.

También la cadena estadounidense Gap se halla en un momento de expansión. El éxito de la venta electrónica en el país ha decidido al gigante americano a expandirse por Internet permitiendo que desde cualquier parte del mundo compren sus productos.

El nacimiento de Gap data de 1969, año en que el promotor inmobiliario Donald Fisher abrió su primera tienda de vaqueros en el estado de California. Pasadas tres décadas, el haber de esta empresa, cuyo valor en bolsa se estima en más de 15.000 millones de dólares, se compone de cinco marcas comerciales: Gap, Banana Republic, Gapkids, BabyGaps y Old Navy Store. Si en Europa la presencia de Gap no resulta invasiva en comparación con sus competidores H&M, Zara, Benetton y Mango, lo cierto es que ha conseguido infiltrarse en el mercado francés, el alemán y sobre todo en el británico.

Los que no se resignan a la invasión de Zara son los suecos de Hennes & Mauritz. Creada en 1947, en Suecia, por el inquieto Erling Persson con el sugerente nombre de «Para ella», traducción literal al sueco de «Hennes», y refundada en en 1968 con la compra de la armería Mauritz en Estocolmo, H&M ha conseguido una cuota de mercado muy cercana a la de su competidora española. Pese a no tener fábricas propias y a subcontratar la confección, H&M cuenta con 576 tiendas repartidas en 12 países europeos. Su divisa comercial habla de moda y calidad al mejor precio, para lo cual 60 diseñadores trabajan en unas colecciones que incluyen cosméticos, complementos y ropa para señora, caballeros y niño. Como Zara, practica el *just in time* que resuelve el problema del almacenaje y los stock amplios.

Por el momento la multinacional sueca ha relegado el negocio electrónico a los países escandinavos, lo gestiona una empresa del grupo llamada H&M Rowells AW. En España se ha implantado en Valencia, Zaragoza, Madrid y Barcelona. La multinacional de la familia Persson, que pese a su nombre vende también ropa de caballero y niño, al igual que Mango, Benetton, Cortefiel y Gap, posee páginas Web en Internet con atractivas ofertas para los clientes. La cadena sueca es la única que ofrece entre sus prestaciones un código ético que puede ser leído en varios idiomas —entre los cuales no figura el español, aunque sí el búlgaro, el portugués, el italiano y varias lenguas asiáticas—. En esta normativa de carácter interno aparece el compromiso de la multinacional con los clientes de que todos sus proveedores y sus empresas subcontratadas están obligados a atenerse a este código ético, contrario a la violación de cualquier derecho humano o a cualquier tipo de abuso corporal o moral contra las personas y especialmente contra los niños. Asimismo su publicidad para la captación de trabajadores recalca la cultura empresarial H&M basada en atender las necesidades de cada cliente, trabajar codo a codo con los compañeros en todas las facetas del negocio y prosperar en una segura promoción destinada a los empleados motivados, flexibles en el trabajo y poseedores tanto de iniciativa como de sentido común

Con mayor concreción, pero también con un espíritu más inflamado como corresponde a su condición latina, en Zara invitan a los jóvenes a trabajar para la empresa: «Si las palabras polivalencia, capacidad de reacción, respeto, ambición... te describen como persona, entonces vive con nosotros el éxito. Cuando te comprometas será en serio. Nuestro ritmo exige que pongas de tu parte verdadera profesionalidad, imaginación, exigencia, honestidad, compañerismo. Sobre todo pasión... Zara te situará en el corazón de sus actividades y de su evolución».

¿Tiene defectos Zara?

A todos mis confidentes les he formulado la pregunta de cuál era el defecto más sobresaliente de Zara y éstas han sido sus contestaciones:

Florian: Está creciendo con tanta aceleración que estamos siempre detrás del objetivo. Los tiempos los marcan los clientes y no nosotros. No me gustan como tratan a la gente en el departamento de Personal. Reivindico una mayor humanidad. Cuando echan a alguna persona de la empresa la tratan como escoria, y eso influye en general en todos nosotros y nos genera una gran angustia porque pensamos que hoy es ese amigo o desconocido, pero mañana podemos ser nosotros mismos, ¿por qué no?

Clara: Ninguna empresa del textil español cuenta con tantos medios como Inditex, eso está fuera de discusión, pero uno acaba perdiendo la ilusión, pese a tantos alicientes, porque el lenguaje imperante del «me gusta, no me gusta» reducido hasta el absurdo agota incluso hasta a los más resistentes.

Patricia: Cuando antiguamente los clientes te decían que la ropa de Zara era una mierda, te dolía como si te dieran una puñalada. No te parecía justo ese trato. Es verdad que hemos tenido mucha bagatela, pero el país no estaba para glorias. En el pasado la calidad de la ropa pudo ser un defecto, pero yo creo que es un defecto corregido y ahora ya no me resultan admisibles este tipo de críticas. Zara no tiene nada que envidiarle a grandes marcas en este momento. Me molesta que ahora todo se tenga que hacer por decreto y que aunque te dejes el pellejo no te lo vayan a tener en cuenta. Parece que una mujer de más de cuarenta años no debe vender moda joven por cuestión de imagen. ¿Y la experiencia adquirida? ¿Y la profesionalidad y los valores personales? En eso, lo tengo claro, se equivocan. Meten la pata hasta el fondo.

Beltrán: Tienen un ritmo de trabajo infernal. La gente casca.

La cognoscenti *de revista de moda:* Las colecciones de hombre están algo descuidadas.

El entendido polifacético: Bajo control de calidad en los tejidos. No disponen de espectrómetros.

El confidente de la noche: Se puede hablar con propiedad de un «síndrome Zara» bastante pernicioso para la higiene mental de sus trabajadores. Los males que produce este síndrome son: *estulticia generalizada* —me separo porque fulanito se ha separado y le está yendo muy bien—, *pérdida del sentido de la realidad* —¿para qué se necesitan los amigos?, ¿hay algún otro tema interesante aparte de la moda y su entorno?—, *confusión mental* —tal vez soy gay, lo que pasa es que no me he dado cuenta, si tantos lo son, a lo mejor soy yo el que está equivocado—, *afán mimético* —lo *cool* es llevar tal aspecto, vivir en tal sitio—, comprar tal coche y por supuesto ir de vacaciones a «ese sitio», *insustancialidad crónica* —si me meto de todo en el cuerpo, básicamente lo hago por dos razones: para aguantar y para ser «alguien»—, *egoísmo social* —¿a fulano de contabilidad le ha dado un infarto?, ¡vaya por Dios! ¿De qué estábamos hablando?…

Uxía: Pregunta a los trabajadores de base: fábricas, almacén y tiendas, si se sienten orgullosos de trabajar en el MILAGRO. La respuesta te la anticipo yo: Tururururú.

¿Y VIRTUDES?

Florian: Estamos ofreciendo una calidad muy parecida a Donna Karan. Zara es el resultado de aplicar una filosofía simple y sencilla que la mayoría de la gente del comercio es incapaz de captar.

Clara: En Zara las facilidades para comprar son infinitas: dispones de tarjeta de crédito, te arreglan la ropa, la puedes devolver, puedes sugerir lo que te gustaría que hubiese y no hay, te pueden traer algo incluso desde el más remoto rincón del mundo, e incluso si te has planteado alguna vez trabajar en la empresa y tienes algo que ofrecer, en la propia tienda te facilitan el folleto informativo para que envíes tu petición de trabajo y tu CV a Sabón. ¿Quién da más?

Patricia: Por poco dinero te puedes hacer un vestuario de temporada fabuloso. Controlamos muy bien lo que está fallando en temporada y lo que vendemos mejor. Información privilegiada que pocos se pueden permitir.

Beltrán: El éxito le ha sonreído en todas partes donde se ha instalado. Puede que NY sea la excepción. Pero las tiendas neoyorquinas son tiendas más políticas que comerciales.

La cognoscenti *de revista de moda:* Saben mirar. Se fijan en todos, no sólo en la gente maravillosa y minoritaria que viste ropa de lujo, sino en cualquier persona con estilo aunque vaya vestida con cuatro trapos. Han contribuido a hacer una España moderna. Han sacado la moda a la calle. Ahora las españolas, gracias en gran medida a ellos, también estamos de moda. Han pensado en tiendas que invitan a entrar a los clientes. No te asusta, puedes tocar todo, descolocarlo, mirarlo, probarlo y dejarlo donde te dé la gana. Nadie te va a decir nada ni te va a poner mala cara. Son tiendas democráticas.

El entendido polifacético: Miman la imagen con un celo extraordinario. Los catálogos de Zara están hechos por los fotógrafos más reputados del mundo de la moda. Y algunos han resultado antológicos, como el que hizo Outomuro hace dos temporadas.

Uxía: Como trabajadora me cuesta trabajo encontrárselas, pero como cliente procuro comprarme todo lo que puedo a principio de temporada. Es cuando vale de verdad la pena comprar en Zara.

El confidente de la noche: Hay dos Zaras, una enraizada en la improvisación y otra que da de comer a 14.000 personas. Me quedo con la última. La empresa modélica no existe porque el capitalismo modélico es ya de por sí un oxímoron.

La fauna y la flora

No progreso mucho con Tolstoi porque tengo la cabeza a pájaros. Todavía no le he dicho nada a la familia y a los amigos pero he decidido dar el salto y pasarme al mundo de la empresa. He cursado una solicitud a la Consellería de la Mujer para inscribirme en un programa de «emprendedoras». Pensé que íbamos a ser cuatro gatos pero resulta que en Galicia hay más de doscientas mujeres con proyectos interesantes dispuestas a sacar tiempo de donde no lo hay si hace falta. Visto lo cual habrá proceso de selección. Ayer mismo celebré mi entrevista. El entrevistador venía de Barcelona. Durante un rato fingí leer a Adelaida García Morales para poder observarlo mientras entrevistaba a otras chicas. Me dio la impresión de que ese hombre estaba en todo: entrevistando a la posible mujer empresaria y a la falsa lectora de Adelaida. Cuando me tocó mi turno, renuncié a sacar el dossier que llevaba. «Lo que ha de ser, será», me dije a mí misma con esa melindrosa resignación cristiana que llevo grabada a fuego y sangre en la cabeza. De repente me acordé de una frase que mi padre tenía colgada en su despacho de la Gran Vía, amarillenta por los años que llevaba a la intemperie: Proverbio árabe: «Si tiene solución por qué te preocupas y si no tiene solución por qué te preocupas».

—Estoy escribiendo un libro sobre Zara —mencioné a bocajarro.

El entrevistador de Barcelona me miró con sorpresa.

—¿Y ellos te han proporcionado información?

¿Qué podía contestarle al buen hombre? Sí. No. Regulín regulán.

«O Zara», que es como llaman a Amancio sus vecinos de Anceis, resulta una alcancía cerrada a cal y canto, debía de haberle explicado al entrevistador, pero en lugar de extenderme en aclaraciones, prudentemente me di un punto en la boca. Lo único que solté fueron tres o cuatro tontunadas de entrevistada y ahí di por terminado el asunto. Entonces él sacó una tarjeta de su maletín de formador, me la pasó y dijo:

—Mándame una fotocopia cuando lo publiques.

—Será un ejemplar —protesté defendiendo mis futuros derechos de autora—: fotocopiar libros está prohibido.

Luego me enteré de que al margen de la curiosidad que él sentía por la empresa, su interés venía más propiciado por los tejemanejes de su señora. «Todas las tardes sale de tiendas, no a comprar sino a ver, se estudia las etiquetas al dedillo y es una auténtica experta. Si en Zara y Mango supieran lo que ella sabe sobre su ropa, estoy seguro de que la fichaban.»

El universo Zara está poblado por una fauna muy curiosa. Pero de todas las especies de la polis a mí me interesan sólo cuatro modelos: las zaramaníacas, las *fashion victims* (vulgus esclavas del «se lleva»), las estilistas, *cognoscenti* o expertas y las «yo ahí no entro ni loca» o zarafóbicas.

He marginado adrede a los hombres porque carezco de tiempo para dedicárselo. No dispongo de cuatrocientos mil años en mi haber para emplearlos en desplegar comprensión.

A las zaramaníacas las identifica este retrato: Dos veces por semana aterrizan en Zara. Se conocen todos los establecimientos del perímetro urbano al dedillo y suelen alternar las visitas a un sitio u otro para no hacerse las vistas. Jamás cometen el imperdonable error de equiparse al principio de la temporada. Ellas prefieren ir constantemente a la tienda y llenar su atiborrado armario de prendas sueltas: hoy una blusa, el viernes una falda y una bufanda, la semana que viene los patalones extra large, el mes próximo un bolso bandolera, un vestido sin mangas y una Montgomery camel. Las conoce hasta el apuntador. Por lo general, suelen ir por libre y raras veces preguntan nada, no obstante saludan amistosas a todas las chicas del turno, pues de tantas visitas ellas y las dependientas aparentan ser viejas amigas de la infancia. Quizás las dependientas no sepan sus nombres ni si estudian o diseñan, ni tampoco a qué dedican el tiempo libre, pero eso carece de importancia, forman ya parte de la familia.

La zaramaníaca es la defensora a ultranza de su tienda favorita. Se declaran zaraadictas y compran aquí todo: los regalos de cumpleaños de las amigas, los de Navidad, los de despedida de cualquier cosa, los de las amigas de sus hijas, la ropa y calzado de los niños, las gafas de sol, el paraguas, las chanclas, el pareo, el monedero exótico de flores... Además realiza una generosa misión de propagación de sus bondades: «Vete a mirar, porque he visto unas gabardinas *paverísimas* para ti», dice a la amiga que no necesita ninguna gabardina.

La zaramaníaca encuentra por lo general las mejores gangas de la tienda y presume de ello, jamás oculta que la ropa es de Zara. «¡Qué traje más precioso llevas!», exclama una conocida, y a ella ni corta ni perezosa, le falta tiempo para presumir: «¿Verdad que es una cucada? Me lo he comprado en Zara esta misma semana». Zara lo tiene todo para ella: glamour, chic, estilo, ropa *trendy* y aire de metrópolis. Da igual que esté a 300 km de París, a 4.900 de Nueva York o a 600 de Barcelona, ella se viste como una mujer de gran ciudad. Y le encanta jugar a parecerlo.

Estas mujeres no necesitan terapias de grupo ni visitas al psicoanalista. Como quiera que siempre están pensando en su próxima visita, tienen la cabeza ocupada (en aire, bien cierto) para agobiarse por el duro día a día donde se agazapa el desahucio de un conocido, la separación de un hermano, los problemas económicos de una hermana, los arteros movimientos del trepa de la oficina, todo queda relegado a un incierto lugar en cuanto cruza el umbral de Zara.

Zara ha estado presente en todos los momentos de su vida: primeras comuniones, bautizos, nocheviejas, cócteles en el hotel de turno, presentación de exposiciones, cenas con amigos, bodas, despedidas de soltera, funerales. A la zaramaníaca le deberían erigir un monumento conmemorativo. Sí, su rostro debiera ser esculpido en mármol, pues aparte de que su dinero haya propiciado el progreso de la empresa, su presencia fiel y constante, contra Mangos, Cortefieles, Benettones, H&M, Gaps, Promodes y C&A , ha sido definitiva para consolidar la imagen de la cadena.

La *fashion victim* o esclava de la moda comparte algunas características con la zaramaníaca como las visitas frecuentes a la tienda pero se singulariza de ella en bastantes aspectos. Por ejemplo: ni es tan fiel ni se tiene tan bien estudiado el repertorio. Ella siempre va a lo más estrafalario, lo más «se lleva» aunque parezca el conejo *Bugs Bunny*, un muñequito de *Starships Troopers* o Juliette Binoche en *Cumbres Borrascosas*. Eso le trae sin cuidado.

El estilo de la esclava es el que los randas de la pasarela hayan decidido para la temporada. Que se pone de moda el aspecto «guarra zarrapastrosa», allá van ellas a por el pantalón con roto en la entrepierna; que por el contrario el look reclama a la mujer *hare krishna*, sin problemas, a raparse la cabecita como una bola de billar y a colorearse cual calabaza de Halloween. Zara es para la esclava del «se lleva» una parada fija. Se da una vuelta de inspección, localiza una especie de saco de patatas abullonado y, sin probárselo siquiera, pasa por caja a pagar.

Cada nueva temporada la esclava vacía los armarios y entrega el producto de su look ya añejo o a una amiga menos rica que ella o a los pobres de Cáritas que a fuerza de pobres no reparan en esos lujos del look. Lo pobres siempre tienen el mismo look: el look de pobre forzoso. Si coincide que esa temporada lo chic es llevar todo desconjuntado, el pobre está de suerte, más desconjuntado que su persona no puede haber nada: saquito de lana de cuello a la caja, año la nana, botas de agua con rozadura en los talones, blusa de flores modelo señora Robinson, falda de tablas, aire colegio María Auxiliadora y cazadora del taller mecánico Jiménez S.L. Pero el pobre no tiene los problemas de la esclava, entre otras cosas porque su ingenio se aguza para sobrevivir y no le queda espacio para chorradas.

La esclava nunca pregunta el parecer de las dependientas de Zara pero si alguna vez cae en la tentación y les dice aquello de: «¿No te parece un poco bestial?», para sus adentros está pensando: «¡Qué jugo! Voy a dar la campanada con este look de capitan Spok». Puede que incluso se confeccione unas orejas a juego. La esclava es de las que se carga a las espaldas una guitarra si ha visto que Anna Sui saca así a sus modelos en los desfiles. ¿Por qué ella va a ser menos? ¡A dar guitarrazos por el mundo!, aunque no sepa la diferencia entre do mayor y do menor, siquiera que existe una nota llamada do.

Para la esclava eso de las composiciones y la información de etiquetas está de más. Directas al precio. Directas al me gusta, no me gusta. Zara las mima pero comprende que son venadas y que el día de mañana, no hay por qué apostar por ello, se marcharan tal y como llegaron. No son fieles y tampoco resulta fácil la búsqueda de un método para fidelizarlas. Si aparece en unos meses una tienda más chic y más en la onda, da por seguro, desaparecerán silenciosamente y puede que nunca más se les vuelva a ver el pelo.

El comportamiento de una estilista o *cognoscenti* se aleja por completo del de la *fashion victim* a quien desprecian por esnob. Las estilistas son mujeres muy prácticas y lo primero que hacen cuando entran por la puerta es mirar y requetemirar la oferta de tejidos sin ceder a los impulsos del «esto me gusta y por lo tanto da igual la etiqueta». ¡Eso sí que no! La etiqueta nunca da igual. No se comporta igual una lana que un burlington, un cachemir, un algodón mezclado, una licra, un poliéster, una seda, el neopreno.

La *cognoscenti* se enfrasca con el modelo y le hace una ficha mental con su calificación respectiva: suspenso, aprobado, notable o sobresaliente. Ellas entran en el cupo de devotas de Zara, pero no son zaramaníacas en absoluto. Pueden llenar hasta arriba las bolsas negras y crema, y sin embargo en sus armarios seguirá habiendo prendas de otros muchos sitios y de otras temporadas. Su arte es la mezcla, la fusión, lo chic aparente. Ellas son las compradoras más lúcidas de Zara y la empresa las prefiere sobre el resto porque dan imagen, son ese quiero y no puedo tan elegante y tan en boga que representa a «la mujer de la calle». A la ropa y complementos de Zara la experta estilista siempre le adjudica un nombre. Por ejemplo, una falda roja con un recuadro de cuero en la cintura no es la falda roja de Zara sino mi «falda de Michael Korrs» o mi «bolso de Miu-Miu» o «mi blusa pirata de Ungaro». A todo le adjudican las *cognoscenti* apellidos.

Son lectoras habituales de las revistas de moda y poseen un amplio vocabulario de neologismos que utilizan a discreción y con seguridad, como quien pisa en terreno conocido. La mayoría de ellas no conocen el *corner* de Zara en las galerías Lafayette, pero saben que el término *corner* está utilizado con rigor, pues un córner siempre es un córner. Familiarizadas con palabras como: *trendy*, chic, *must*, *packaging*, *shopping*, *cognoscenti*, *high-tech*, *thongs*, *mules*, *pashmina*...

Pueden llegar a producir dolor de barriga por el uso y el abuso de tantas palabrotas. Una diferencia importante con las zaramaníacas radica en su criterio. Juzgan continuamente, y si consideran que no deben ser benignas, no lo son. El mundo de la moda les atrae pero poseen otros intereses añadidos. Pueden ser zaraadictas pero nunca rendidas zaradependientes, entre otros motivos porque su salud mental está por encima de payasadas. También las *cognoscenti* se saben el repertorio de Zara al dedillo, más aún: conocen sus distintas especialidades: en Velázquez esto, en Hermosilla lo otro, en paseo de Gracia lo de más allá. «Eso a Velázquez no», le dice a la amiga que busca un modelo festival marihuanero.

Nada de esto le ocurre a la «ahí yo no entro ni loca». La zarafóbica sólo encuentra defectos en la tienda: el tallaje es una porquería, los espejos engordan, la ropa es una mierda, las calidades son ínfimas, los escaparates: ¡qué sosería, por Dios!, la gente que compra en Zara es estúpida, los dependientes no te hacen ni caso, la ropa amontonada le irrita, la costumbre de admitir devoluciones, un disparate: ¡a saber quién se ha puesto eso antes! La zarafóbica está segura de que la mayor parte de los clientes de Zara usan la ropa con la etiqueta —se la esconden— y luego la devuelven. No da un duro por su futuro y no se alegra de su éxito. Ella es cliente de Cortefiel o de las boutiques de toda la vida. En cuanto al sector de zarafóbicas más pudiente, siquiera se ha molestado nunca en entrar en esas tiendas para el vulgo.

La existencia de Zara incluso le molesta. Más aún, le pone a cien el hecho de que copien a otros diseñadores de éxito. No tienen derecho, opina la zarafóbica. El ala benigna no lo desaprueba pero opina que se molestan inútilmente porque no tienen buenos patronistas. Cuanta palabra lleve el añadido de Zara produce tirria a una zarafóbica. Para ellas la zaravolución nunca ha tenido lugar. «Son baratos, por eso venden y ahora ni son baratos, pero como la gente es idiota...», explica ella sucintamente.

Pero incluso, ella, declarada enemiga, es clienta de Zara. Bien es cierto que compra de higos a peras pero compra, si no es para ella, para sus hijos, sobrinos o para su propia madre. A veces se molesta en arrancar etiquetas y presentar el fular, los guantes o el bolso como si fueran de otra parte, otras, ni siquiera se molesta.

Si a la zarafóbica le hicieran un regalo de la tienda lo consideraría un insulto. Todo cuanto se le ocurre relativo a Zara es motivo de despotrique.

La endiablada jerga de los esnobs

Decía antes que las *cognoscenti* están al tanto de los neologismos de moda porque no quieren quedarse *out*, término oscuro y repelente que en lengua anglosajona significa «fuera de». O sea que estas señoras quieren ir a favor de la corriente. En la actualidad quien no sepa inglés y pretenda pasar un rato de sofá o de peluquería hojeando las revistas de moda lo lleva bien claro: o se compra un diccionario inglés-español o se le escamoteará el significado de la mitad de la revista por mucho ahínco que ponga en la lectura.

Soy lectora de estas revistas, desde hace relativamente poco. Llegué a sus citas mensuales por las recetas de cocina, la decoración y la moda. La mayoría de las encuestas y consultorios sexuales que meten de farfolla me los salto porque me producen grima, pero a cambio disfruto enterándome de sitios donde salir, viajes, libros, películas, exposiciones de arte, direcciones de tiendas, en fin, me gusta el aire ligero de estos tochos llamados maliciosamente «revistas femeninas». De pascuas a ramos nos sorprenden a las lectoras, e incluyen un tema interesante y bien contado, sin palabros necios o invasivos, o publican una entrevista con alguien que merece ser preguntado porque tiene algo que decir y lo dice bien, reflexivamente, sin ese aire mundano de cosa light con que contaminamos los ciudadanos finiseculares todo cuanto tocamos. Entonces me regocijo por mi suerte.

El diccionario breve para «no puestos» que me he sacado de la chistera está realizado por puro altruismo, para librar al lector de la perplejidad a la que yo misma sucumbí cuando empecé a leer revistas y me di cuenta de que necesitaba volver al latazo de la academia de idiomas. «¿Qué es esto de un *spa*? —me preguntaba leyendo por tercera vez el encabezamiento de la noticia sin entender siquiera entonces—. ¿Y por qué esta gente no puede ir de compras como todo el mundo y tiene que ir de *shopping*? Que me explique alguien —refunfuñaba a cada rato—, en qué consiste eso de las *mules* y los *thongs*.»

No hubo respuesta.

Entonces decidí comprar un diccionario de términos de moda.

Diccionario breve de la autora

Hoy en día está considerado analfabeto funcional quien:

No conduce.
No habla inglés.
No sabe informática.
No sabe buscar trabajo.
Y yo añadiría, quien:
No entiende las teclas del móvil, no sabe programar el vídeo, la lavadora y el lavavajillas, y no navega por Internet.

He aquí mi diccionario personal elaborado según las siguientes fuentes: *Diccionario de la Moda y de los diseñadores* de Editorial Destino, *Telva*, *Elle* español, *Elle* italiano, *Marie Claire*, *Vogue* y aportaciones espontáneas de las amistades.

Allure: Término francés para definir el porte de una persona. Tener *allure* equivale a decir que alguien tiene presencia.

Baguette: Bolso inspirado en la barra de pan francesa.

Bobo: Bourgeois Bohémien o burgués bohemio, un espécimen más para añadir a la fauna del los albores del siglo XXI.

Casting: Prueba para elegir modelos.

Cool: El no va más de cualquier asunto. Se emplea generalmente como calificativo.

Corner: Rincón de un centro comercial.

Cognoscenti: Persona enterada y que ejerce de tal. Por lo general, pontificadora.

Chic: Aspecto resultón y en consonancia con las tendencias imperantes.

Demodé: Que atufa a rancio.

Denim: Tejido originario de la ciudad francesa de Nimes con el que se fabrican vaqueros.

Fashion: Palabra inglesa para definir el término moda.

Fitness: Gimnasio.

High-tech: Tejido tecnológico.

Hippy-chic: Ir de hippy pero sin serlo realmente, porque si no de ninguna manera se podría ser chic. Lo que menos le apetece a un hippy es ser chic y actual.

Kitch: Mezcla de componentes en que alguno o todos ellos son realmente horteras. Término procedente del alemán.

Light: Todo cuanto se rebaja para no ser percibido en su realidad completa.

LBD: Little black dress. El vestidito negro tipo Audrey Hepburn.

Look: Apariencia.

Mixing: Técnica de mezclar. Pueden ser estilos, colores, apariencias, etcétera.

Must: Las revistas lo utilizan como sustantivo: «un must» y le dan el sentido de algo obligado o indispensable.

Mules: Híbrido entre la babucha con tacón, el zueco y la sandalia.

Pashmina: Chal de cachemir confeccionado con el pelo de la cabra hircus, oriunda de las montañas del Tíbet y de Mongolia. (Las falsas arrasaban hasta hace poco en las aceras de medio mundo.) Ya han pasado su mejor momento.

Revival: Sacar del baúl de los recuerdos algo que en épocas pasadas ya estuvo de moda.

Showroom: Taller de trabajo de los diseñadores donde también se atiende a los clientes.

Shatoosh: Chal más exclusivo que la pashmina y elaborado con pelo de barba del macho cabrío del Himalaya.

Shootings: Fotos destinadas a un trabajo de publicidad.

Shopping: Ir de compras.

Trendy: Muy actual. En boga.

Top: La parte de arriba de algo.

Thongs: Chanclas de dedo.

Twinset: Conjunto de jersey y rebeca.

Vintage: Procedente de otras épocas.

Wonderbra: Sujetador con almohadillas popularizado por la explosiva modelo Eva Herzigova.

Anécdotas para la posteridad

En un paréntesis para el descanso me he enredado con la lectura de un libro imposible donde se plantean cuestiones bastante improbables, como que este libro no lo esté escribiendo yo sino el lector. Así, como se lee. A estas alturas lo creo posible todo. De hecho, me he aficionado al canal *Fashion* del Satélite Digital, quién me lo iba a decir…

Cuando me instalaron el descodificador de la cadena de pago, únicamente sintonizaba el dial 19 muy de vez en cuando y siempre por motivos ajenos a la moda, por ejemplo: sucumbir a la tentación de mirar hombres atractivos, de los que no abundan por la calle. Por lo común mis voyeurismos no pasaban de los cinco minutos. Al cabo de un rato ya estaba harta.

Ahora no me sacio.

A la pregunta de si me sirve para algo este plus de información, yo respondería que en absoluto. Discrepo con el 99 por ciento de la Humanidad. Si la información no se utiliza, no sirve. Los papanatas suelen decir con la boca llena que tener información equivale a tener poder. El aserto es falaz. La información puede llegar a convertirse en un instrumento de poder pero para eso deben cumplirse tres condiciones, una previa y dos simultáneas: saber dónde buscarla, saber aplicarla y a posteriori ser inteligente para extraerle algún beneficio.

Pero no era de información de lo que yo quería hablar, sino de anécdotas, y para rematar el trabajo me gustaría reflejar unas cuantas anécdotas, sin ninguna trascendencia, que me han contado los protagonistas de esta cosa novelesca, a la cual Unamuno, con su malhumor congénito, también negaría el nombre de *nivola*. El caso es que llevo una semana cavilando cómo acabarán calificando mi trabajo los críticos: ¿merluzada?, ¿producto posmoderno?, ¿juntapáginas?, ¿secuela de unas Bridgets y Allys detestables?, ¿proeza insuficiente?, ¿ósmosis porcentual? ¿Me debe importar eso?: ¿Sí? ¿No?

Vayamos con las anécdotas. Las hay de todo tipo, de ahí que haya decidido agruparlas por epígrafes:

Literarias: Leon de Winter ambientó su novela *Supertex* (Editorial Circe) en los negocios de la confección y el textil. Supertex es precisamente el nombre de la cadena holandesa que Max, el protagonista, ha heredado de su padre, un judío hecho a sí mismo. Para explicar cómo es Supertex, De Winter la compara con nuestra Zara.

Reales como la vida misma: Diego Copado se quedó perplejo cuando leyó la excentricidad de aquella carta. Perplejo y gratamente sorprendido. Enseguida su mente, acostumbrada a la jerga de los *marketineros*, buscó un nombre para bautizar la petición de la señora árabe: «Ruta turística de Zara», nominó. Algún día, algún día…

La buena mujer pensaba hacer un viaje por Europa y además de ver la torre Eiffel, las momias egipcias del Museo Británico, la cúpula del Reichstag y la columnata de Bernini, quería visitar todas las Zara del continente o cuanto menos tener a mano las direcciones, por si le apetecía darse un garbeo.

«¡De todo tiene que haber en la viña del Señor!», pensé cuando Diego me contó la extraña petición.

Curiosas: Amanece en Bombay. Nuestro amigo embarca en un avión de la British con destino Londres, donde hará transbordo con Iberia hacia su destino final: Santiago de Compostela. Ya en tierra gallega recorre los casi 60 km de distancia entre Santiago y el municipio coruñés de Arteixo en taxi. En Sabón no dispone de más de cinco minutos para ser escuchado. Ha cruzado dos continentes enteros para los escasos cinco minutos de audiencia. Si hay éxito, suspira, bien se puede dar por satisfecho: habrá metido la cabeza en el más rentable negocio del textil europeo. Pero si no lo hay, el viaje tampoco habrá sido en balde. En Zara saben ya quién es y qué vende. Sólo por eso el coste del viaje y el tiempo desperdiciado se habrá rentabilizado.

Otros proveedores, incluso, no tendrán la misma suerte de ser atendidos.

Espeluznantes: La palabra rebajas despierta en Carmen resonancias pavorosas. «Aquel día yo estaba dentro del escaparate trabajando. "Fulanita —me advirtió la encargada—, quítate de ahí o te matan." ¡Qué exagerada Menganita!, pensé ipso facto. Cinco minutos después de ser advertida se abrieron las puertas de la tienda, y una avalancha humana me arrastró consigo como si yo fuera un fardo de faldas con costurilla de piel. Tuve tanto pánico a morir asfixiada que me puse a gritar como una energúmena. Apercibida de mi espantosa situación, Menganita inició las aproximaciones del rescate. Yo diría que me trincó del pescuezo como a un conejo. "¿Qué es todo esto?", pregunté con verdadero terror. Ella contestó impasible: "Esto son las rebajas en Zara".»

Inauditas: Pablo y Merche llevaban varios días buscando un sitio. Pero por más que pensaban no se les ocurría ninguno apropiado. Hasta que Pablo decidió que cualquiera era bueno. «¡Ya está! —se hartó—: el probador de Zara. Se metieron con cinco pares de pantalones cada uno. «Aquí echamos la tarde», pensó Merche satisfecha. Y sin demasiados prolegómenos ni calentamientos previos entraron en faena. A la señorita Cruz, a la sazón cajera de Zara, con la inexperiencia de los veinte años recién cumplidos, se le salieron los ojos de las órbitas cuando escuchó el concierto de gemidos. Enseguida llamó a su compañera de la sección de punto. «Pero esto es increíble —postuló su compañera—. Ésos de ahí, ¿no están dale que te pego?» Cruz sacudió la cabeza al estilo caballuno. De la cortina de al lado asomó la cabeza peluda de Iria, que se estaba probando un tres cuartos y unas botas de caña alta. «Ahí al lado están jodiendo de lo lindo, ¿no? Vamos a llamar a la encargada», resolvió la dependienta del punto. Pero la señorita Cruz, armándose de valor, asomó nerviosa por detrás de la cortinilla y con un hilo de voz consiguió decir: «¡Ya está bien, tíos!». Pablo y Merche se dieron prisa.

Y no se llevaron ningún par de pantalones.

Televisivas: Mi querida amiga Susanne trabaja en Telemadrid desde hace casi ya una década. Y se viste en Zara para salir por la tele. Los de la cadena pública tienen cuenta abierta en Zara para vestir a su equipo de presentadores. Por supuesto, les permiten quedarse con el vestuario. Hace diez años habría sido impensable una apuesta tan directa de una televisión pública por una empresa española.

Escatológicas: No es lógico que la gente se orine en un probador pero hay quien lo hace y de esas cochinadas, por desgracia, tienen bastante experiencia en Zara. En sus veinticinco años de experiencia Patricia ha visto de todo: meadas y cosas peores. La gente es desaprensiva por naturaleza y piensa poco en el que entra después. Tiene ganas de hacer pipí y ya no analiza más: a hacerlo.

Informativas: Al director de Comunicación no le gusta proporcionar a los periodistas los ranking de ventas de las tiendas. Por supuesto que ha habido récords inauditos para un solo día, pero eso no quieren contárnoslo: ¡Qué intrigantes somos siempre metiendo las narices donde nadie nos manda! 80 millones, por ejemplo, ha conseguido la tienda de Caracas, ésa que no debía haber sido abierta porque no estaba la coyuntura favorable, pero no ha sido la única, las de L'Opera de París, la de paseo de Gracia en Barcelona, Carretas y Hermosilla en Madrid, la londinense de Regent Street, Buenos Aires, Tokio y Oporto son buenas muestras de que es posible rebasar la barrera de los 50 millones ampliamente.

Educativas: Los curiosos orígenes de Zara han servido a los estudiantes de español del Instituto Cervantes para profundizar en la idiosincrasia de la cultura española. En formato comentario de texto, los alumnos del Cervantes, no importa si desde Clermont-Ferrand o Beirut, han de afanarse por comprender qué clase de artículos fabricaba Ortega en sus comienzos y cómo se comercializan hoy en día estos productos.

Divertidas: Cuando estrenaron el sistema de alarma con advertencia sonora: «Por favor diríjase a caja, hemos olvidado retirar el dispositivo electrónico» o algo muy por el estilo, le tocó a una clienta sufrir el experimento. Sorprendida, la mujer miraba a su alrededor buscando al responsable de aquellas palabras confusas. «¿Dónde está ese fulano?», preguntó algo mosca. La dependienta más próxima a la salida le explicó que se trataba de una grabación y que no ocurría nada grave, podía marcharse tranquilamente. La señora no se dio por satisfecha con la explicación porque según ella le había dado un susto de muerte. «Exijo que me pida excusas», insistió la clienta y apostilló que de allí no la movía nadie hasta que ese hombre apareciera. De nada sirvió que por activa y por pasiva le explicaran las dependientas que se trataba de una grabación. Para zanjar de una vez el enojoso asunto decidieron llamar al portero del inmueble vecino, quien amablemente pidió excusas a la señora por haberle dado un susto.

Homenajeadoras: Juro que aquel 17 de marzo de 1999 yo estaba allí. A las diez de la mañana, hora de la apertura oficial, sin más ceremonias, alguien introdujo la llave en la cerradura, se encendieron las luces y la nueva tienda remozada lució en todo su esplendor de templo del consumo. Ya iba a dar el primer paso cuando vi que todo el personal de la tienda se alineaba y aplaudía enérgicamente a aquellos incautos, y sorprendidos, clientes que se atrevían a ser los primeros en cruzar el rubicón. «Ni más ni menos que un homenaje al cliente», dijo alguien en voz alta. «Nos aplauden porque se han aprendido la lección bien aprendida», opinó una estudiante de marketing. Primera regla en los objetivos de cualquier empresa: exceder las expectativas de los clientes. ¿Acaso con este sorprendente recibimiento que nos hacen no las exceden? Muy yanqui, eso sí, pero de todas formas: ¡Bravo por ti, Amancio Ortega! Tú sí sabes cómo mimarnos.

Epílogo

Después de leer el borrador y de poner en los márgenes de las hojas más gaviotas que todas las de la Dársena juntas, Anita me ha preguntado que cómo voy a terminar el trabajo. Con la euforia del momento, no he sabido qué responder. «Se acaba y ya está», le he dicho. Ella me ha lanzado una mirada de desaprobación, de las que suele dedicar a los ingenieros más torpones. Cohibida rectifico: «Lo que quería decir es que no lo he pensado». ¿Y cuándo lo vas a pensar?, leo en su mirada conspicua.

Todo cuanto empieza, acaba. Es impepinable. Nacemos; durante un tiempo impreciso vivimos y acabamos muriendo.

Empecé el periplo en Busdongo de Arbas un 28 de marzo de 1936.

Cuando visité el pueblo de Amancio, una pesada· calina sacudía los vastos valles y montes de los cercanos picos de Europa. A lo lejos sonó un trueno, y de pronto el cielo se oscureció. El dueño de Casa Kike hizo sonar la caja registradora: trinqulinnnnn: 225 pesetas. Mi pensamiento voló hacia el euro: muy pronto empezaremos a pagar y cobrar en la moneda común de los europeos.

Pregunté a una vieja de cabello rosáceo, como un cerezo en flor, dónde estaba el cementerio del pueblo. Con un dedo sarmentoso pero al mismo tiempo firme cual báculo de obispo, me indicó una cancela negra en la orilla derecha de la carretera.

No buscaba nada en concreto en el camposanto. Mi única intención era husmear. Sabía que ninguno de los Ortega estaba allí enterrado, aun así, deslicé el cerrojo sobre la cancela y entré.

Cuando las primeras gotas de lluvia empezaron a caer, yo ya estaba sentada en un escalón del mausoleo de la familia Gómez Dancausa.

Rodeada de cadáveres en putrefacción y lápidas veteadas, comprendí las razones de Rosalía Mera para no creer en la suerte.

El 28 de marzo de 1936 Amancio Ortega no sabía que iba a vivir tres años de guerra civil, que su familia pasaría estrecheces económicas, que su hermano Antonio moriría de repente dejándole solo en su aventura de Zara, que aquella chica de la mercería a la que invitó a comer marisco no viajaría hasta el final de sus días en su diligencia, que su querido hijo le partiría el corazón en dos, que sería abuelo y vería crecer a sus nietos y que un día una revista extranjera le citaría como el hombre más rico de España.

Me pregunté, sentada en los escalones de aquel mausoleo coronado por un ángel bizco, si Amancio habría vuelto alguna vez a Busdongo. Pero el paisaje de la infancia rara vez se recobra cuando revisitamos los sitios. No, no es probable. Al Falcon 900 le sería completamente imposible aterrizar en esta estrecha franja de carretera con destino a ninguna parte.

Sin embargo, yo vi sus huellas en la puerta de la escuela, y cuando ascendí por la cuesta de la iglesia para comprobar si la puerta estaba abierta, oí el claro reclamo de una voz de niño:

—¡Eh, tú!

—¿Quién, yo?

—Sí, tú. ¿Quieres que te lleve a la cueva de los contrabandistas?

—¿Y qué se me ha perdido a mí en esa cueva?

—Es muy bonita.

—Ya, pero yo tengo mucho trabajo que hacer.

—Bueno, pues entonces nada.

Quise rectificar porque no es agradable decepcionar a un niño, pero ya no pude dar con él.

La puerta de la iglesia estaba cerrada a cal y canto.

Había perdido una oportunidad de oro para hablar con Amancio Ortega.

Agradecimientos

Ellos saben quienes son, de forma que para no implicarlos, como es su deseo, baste con hacer pública mi gratitud.

(He intentado desfiguraros de tal manera que ni siquiera vosotros os reconozcáis. Éste era el único tributo que podía pagaros por tanta generosidad.)

El entusiasmo de Miriam Tey, de Ediciones del Bronce, mueve montañas. Mercedes Casanovas gestionó eficaz y rápidamente un encuentro a tres bandas.

Las sugerencias del «gabinete técnico» me han proporcionado una gran seguridad sobre el terreno. Gracias a Martine, Ana, Lola, Esperanza y Elisa.

Deseo asimismo resaltar el trabajo de investigación de Alfonso en los prolegómenos de la idea y el de Mari Carmen con su mano izquierda y sus contactos. No quisiera olvidarme de los desvelos de mi cuñada Bea y del entusiasmo de mi madre, primera lectora. A Juan Quian le debo haberme llevado a conocer Zarápolis: fue entonces cuando se produjo la chispa.

Y para ser justos tampoco querría echar en el saco del olvido los gratos encuentros con María Jesús García, del departamento de Comunicación de Inditex y la profesionalidad de Diego Copado, su director; la cercanía de Rosalía Mera Goyenechea, una mujer que ha despertado todo mi interés tras conocerla; las gestiones altruistas de Emilia y Marisol, del Forum Metropolitano; y las de Isabel de Oleiros, el tiempo que me dedicó el Padre Jorge y las participantes en el I Congreso de Cooperativismo Galego. Gracias asimismo a Comisiones Obreras de La Coruña y a todos cuantos estuvieron presentes en una entrevista coral.

Mención especial merecen todos los colegas que han escrito sobre Inditex. Con sus artículos, entrevistas y reportajes me han facilitado la labor de documentación. Un recuerdo especial a Monste Cuesta y Carolina Carrascal, de *Telva*.

Amancio Ortega leyó el texto antes de su publicación e hizo sus puntualizaciones. Le agradezco esta deferencia.

Mis hijas y mi marido han sufrido mis ataques de ansiedad y mis repentinas explosiones de júbilo.

Por último, deseo agradecer a mi voluntad su sustento, pues en los momentos bajos se ocupó de mí.

Si el esfuerzo no ha merecido la pena, toda la responsabilidad es mía.

Oleiros, 6 de febrero de 2001

do conocer a [illegible] que entonces [illegible] edición.

Y para ser justos, [illegible] que [illegible] en los puntos mencionados [illegible] Departamento de Comunicación de Indutex y [illegible] Diego Conde, su director; la [illegible] una amistad que ha [illegible] conocer a las personas [illegible] Meté [illegible] que me dedicó [illegible] y me [illegible] Grupo Cooperativo [illegible] Oficinas de [illegible] presentes en una entrevista aquí.

Alone en especial [illegible] Indutex [illegible] sus [illegible] facilitado la labor de documentación [illegible] especial a [illegible] Carolina [illegible] Amancio Ortega [illegible] antes de su publicación [illegible].

[illegible] han [illegible] mis repetidas exposiciones de [illegible].

Por último, deseo agradecer a [illegible] pues [illegible] momentos [illegible].

[illegible] ha [illegible] responsabilidad [illegible].

[illegible]